ARBEITSHEFT ZUR LITERATURGESCHICHTE

FRÜHREALISMUS

VORMÄRZ
JUNGES DEUTSCHLAND
BIEDERMEIER

TEXTE · ÜBUNGEN

HERAUSGEGEBEN VON REINHARD LINDENHAHN

ERARBEITET VON
KARLHEINZ FINGERHUT
HARALD FROMMER
REINHARD LINDENHAHN

Cornelsen

Folgende Beiträge wurden erarbeitet von

Karlheinz Fingerhut:	Die Freiheit der Lust und die Disziplinierung des Denkens
	Ein neues Lied, ein besseres Lied
	Der Knecht singt gern ein Freiheitslied
	Sich selbst wegzuwerfen ... (Unterkapitel über Louise Aston)
Harald Frommer:	Wir weben, wir weben
	Mit verstellter Stimme

Alle übrigen Beiträge stammen von Reinhard Lindenhahn.

Redaktion: Ingeborg Herchen
Gestaltung und technische Umsetzung: Julia Walch, Bad Soden

Cornelsen online http://www.cornelsen.de

1. Auflage € Druck 4 3 2 1 Jahr 04 03 02 01

Druck: CS-Druck Cornelsen Stürtz, Berlin

ISBN 3-464-61149-3

Bestellnummer 611493

Gedruckt auf säurefreiem Papier, hergestellt aus chlorfrei gebleichten Faserstoffen.

Inhalt

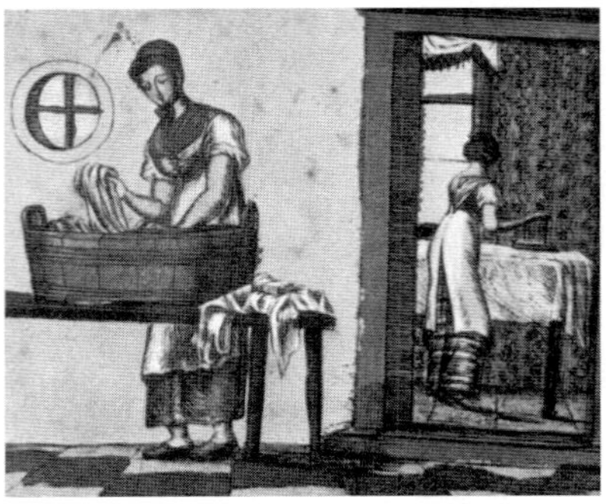

Lösungshinweise sind dem Heft beigelegt.

Mitten im Strom des Lebens

Die junge Literatur unterscheidet sich ganz wesentlich von jeder frühern, und die Nation ist ihr zu besonderem Danke verpflichtet. Die junge Literatur ist nämlich durch und durch von ihrem Ursprunge an demokratisch, was sich zum Teil bis in die kleinsten Nuancen derselben hinaus nachweisen lässt. [...] Für sie ist in jedem Zimmer ein Roman, für sie rauscht in jedem Herzen die Melodie des Schicksals. Während der Dichter in früheren Zeiten sich zurückzog aus dem Gewühle der Welt, stürzt die junge Literatur sich mitten in den Strom des Lebens und schöpft aus ihm die meisten Wellen.

Herweghs Satz umschreibt nicht das Programm einer Epoche. Der „Frühreealismus" war keine in sich geschlossene literarische Epoche und selbst der Begriff „Frühreealismus" ist als Überbegriff für mehrere divergierende Strömungen ein Konstrukt. Es kann und soll in diesem Arbeitsheft auch nicht darum gehen, trennscharfen Epochenmerkmalen beispielsweise des „Jungen Deutschlands" nachzuspüren, sondern es geht um eine Zusammenstellung wichtiger Themen und Inhalte der Dichtung einer bestimmten Zeit, nämlich ungefähr der Jahre zwischen 1815 und 1850. Die Nähe einiger Texte und Themen zur Epoche der Romantik wird dabei immer wieder spürbar, die Unterschiede treten aber doch deutlich zutage – was unter anderem in Herweghs Zitat zum Ausdruck kommt. Die „junge" Literatur wird politisch – wobei auch jene Haltung als eine letztlich politische zu werten ist, die sich der Auseinandersetzung mit politischen Themen verschließt und dabei gleichzeitig den Anspruch erhebt, der Realität verpflichtet zu sein, wohingegen die „alte" Literatur einen idealistischen Grundansatz vertritt.

Eine neue Konzeption von Literaturgeschichte

Die junge Literatur „stürzt sich mitten in den Strom des Lebens": Diesem Anspruch muss eine Darstellung der Literatur vor 1850 natürlich gerecht werden. Deshalb findet man in dem Arbeitsheft nicht nur literarische Texte, sondern es werden auch zusätzlich interessante Ausflüge in die Kultur- und Sozialgeschichte der Zeit unternommen, wie sie nur in wenigen herkömmlichen Büchern zur Literaturgeschichte stehen.

Wir möchten, dass unsere Leserinnen und Leser noch mehr tun, als nur zu lesen. Wer einen Text nicht nur liest, sondern an ihm arbeitet, dringt tiefer in ihn ein. Deshalb gibt es in diesem Heft auch kreative Aufgaben (sie sind durch eine Schreibfeder gekennzeichnet), die dazu auffordern, selbst tätig zu werden und den Text aus-, um- oder nachzugestalten. Und da dies ein Arbeitsheft ist, ist es auch erwünscht, darin z. B. Texte zu gliedern, Stellen zu markieren oder Bemerkungen an den Rand zu schreiben. Diejenigen Aufgaben, die den Leserinnen und Lesern zeigen sollen, wie man am Text arbeitet, erkennt man an einem Bleistift. Und wenn man dann einen Text erarbeitet hat, ist man auch sicher genug, eigene Gedanken dazu zu entwickeln, über die Texte und ihren Bezug zur Gegenwart zu diskutieren und Fragen dazu zu erörtern (dafür steht das „E"). Zum richtigen Lesen gehört aber auch, sich selbstständig weitergehend zu informieren und diese Informationen unter Umständen an andere in Form von Kurzreferaten weiterzugeben. Auch dafür gibt es einen Hinweis.

E

Zum Aufbau des Arbeitsheftes

Auch in Bezug auf seinen Aufbau will das Arbeitsheft dem Anspruch gerecht werden, nicht nur Informationen zu vermitteln, sondern auch Spaß an (älterer) Literatur zu wecken. So sind die Kapitel in drei Kategorien einzuteilen:
Das Basiskapitel spricht die wichtigsten Themen der Zeit an, exemplarisch veranschaulicht an einigen kurzen und prägnanten Texten, die die Eigenart der verschiedenen Strömungen in besonderem Maße transparent machen.
Die zweite Kategorie bilden jene Kapitel, die das Basiskapitel ergänzen und vertiefen. Die Textauswahl erfolgte hier wie überhaupt im ganzen Arbeitsheft nach den Kriterien der Aussagekraft, Repräsentativität und Originalität. Die Texte werden jeweils ergänzt durch die Kurzbiografie des entsprechenden Dichters. Viel Wert wurde bei der Auswahl der Texte darauf gelegt, dass neben Standardtexten auch weitgehend unbekannte Zeugnisse der Epoche berücksichtigt und so ein guter Gesamteindruck ermöglicht wird.
Im dritten Teil finden sich Texte, die zeigen, wie einige wichtige Themen der Zeit literarisch aufbereitet und gebrochen werden. Hinzu kommt ein motivierendes Kapitel mit Rätseln, die sich allesamt auf Inhalte des Arbeitsheftes beziehen. Wer sie lösen kann, hat gründlich gelesen! Den Abschluss bildet eine ausführliche Literaturliste, die neben den im Arbeitsheft zitierten Werken besonders jene Titel nennt, die sich für den Schulgebrauch eignen.
Dem Arbeitsheft beigelegt ist ein Extrateil mit Lösungshinweisen, wobei zu den ersten Kapiteln noch detailliertere Lösungsvorschläge gemacht werden als bei den späteren Kapiteln, denn nun wird vorausgesetzt, dass sich die Leserin bzw. der Leser schon so in die Epoche eingearbeitet hat, dass es keines ganz ausführlichen Kommentars mehr bedarf. Diese späteren Kapitel eignen sich auch vorzüglich als Grundlage für Referate oder für die eigenständige Beschäftigung der Schülerinnen und Schüler mit der Literatur des Frührealismus.

Die Grundkonzeption der Reihe

Die Bände sollen zuverlässig und unterhaltsam zugleich über die Epochen der deutschen Literatur informieren, dabei aber auch die Möglichkeit bieten, aktiv und kreativ mit dem angebotenen Textmaterial zu arbeiten. Besonderes Augenmerk wurde darauf gelegt, Literatur nicht losgelöst von den sozialen und politischen Grundlagen der Zeit zu betrachten, sie andererseits aber auch nicht als plattes Abbild bestehender Verhältnisse anzusehen. Die Wechselbeziehung von Zeitgeschichte und Literatur nimmt eine zentrale Stellung ein, macht Literatur transparent und ermöglicht eine über den Fachbereich hinausgehende vergleichende Betrachtung von literarischen Werken, Geschichte, Kunst und Kultur im weiteren Sinne.
Ein wesentliches Ziel der Konzeption ist es demnach, den Schülerinnen und Schülern das selbstständige Erarbeiten der Epochen in all ihren Eigenheiten und Widersprüchen zu ermöglichen. Die einleitenden Autorentexte zu den Kapiteln und Unterkapiteln haben lediglich hinführende Funktion, der individuelle Zugang zum Text und die eigene Beschäftigung mit dem Text haben konzeptionell Vorrang.
Kernpunkt der Aufgabenstellung ist in jedem Fall jedoch die Textanalyse. Sie wird nicht verstanden als leidige Begleiterscheinung, sondern die verschiedenen – häufig kreativen – methodischen Zugriffe auf unterschiedliche Texte sollen die Lernenden dazu motivieren, beim Lesen genau hinzusehen und das eigene Vorverständnis kritisch am Text zu hinterfragen.
Die Textanalyse wird demzufolge auch in fast allen Kapiteln geübt – z.T. mit eigens dafür entworfenen Arbeitsblättern und mit je nach Schwierigkeitsgrad des Textes unterschiedlicher Hilfestellung und Anleitung.
Lösungsvorschläge finden sich in einem separaten Anhang, der von der Lehrkraft vor der Ausgabe der Hefte entnommen werden kann, wenn vermieden werden soll, dass die Schülerinnen und Schüler die vorgeschlagenen Lösungen einsehen können. Diese Lösungsvorschläge werden nicht in Form von kurzen Antworten präsentiert, die den Eindruck erwecken könnten, es solle abfragbares Wissen vermittelt werden, sondern es handelt sich dabei um qualifizierte, ausführliche Textanalysen, die den Lernenden exemplarisch zeigen, wie man eine Interpretation aufbaut, wie man zitiert, auf welche Details man achtet.

Der große Weltriss

„Literarischer Vormärz", „Junges Deutschland", „Biedermeier" – die drei Untertitel dieses Arbeitshefts zur Literaturgeschichte verdeutlichen schon die Schwierigkeit, die literarischen Strömungen zwischen 1815, also dem Wiener Kongress, und 1848, dem Revolutionsjahr, angemessen zu benennen.

Oft werden diese drei Jahrzehnte als „Zeit des Biedermeier" bezeichnet. Diese Bezeichnung würde als Epochenbegriff im Grunde jedoch nur *eine* literarische Erscheinungsform der Zeit umschreiben und die andern Tendenzen ignorieren.
Die Bezeichnung „Literarischer Vormärz" umreißt wiederum die zeitkritische Literatur vor der Märzrevolution 1848 und ist trotz ihrer weiten Verbreitung nicht unumstritten. Dies beginnt schon bei der zeitlichen Begrenzung: Die einen sehen den Beginn des „Vormärz" im Verlauf der vierziger Jahre, also direkt vor der Märzrevolution 1848, andere nach der französischen Julirevolution von 1830 und wieder andere gar schon 1815, gleich nach dem Wiener Kongress.
Die Problematik derartiger Epochenbezeichnungen wird am „Jungen Deutschland" noch deutlicher: Diejenigen, die von der Zensur willkürlich dieser Strömung zugeordnet wurden, hatten sich nie organisiert, ja kannten sich zum Teil nicht einmal.
Die „Restauration" – ein weiterer Begriff, der zur Bezeichnung der fraglichen Jahre häufig bemüht wird – stellt den geschichtlichen Gesamtzusammenhang aus politischer Sicht dar. Er liefert gewissermaßen ein gemeinsames Wasserzeichen zu den verschiedenen Formen der zeitgenössischen Literatur, die sich in unterschiedlicher Weise aus dieser gemeinsamen Grundlage heraus bilden.

Wenn nun in diesem Heft der Begriff „Frührealismus" als Sammelbegriff für die literarischen Strömungen von ca. 1815 bis ca. 1848 gewählt werden soll, dann nicht mit dem Anspruch, damit eine unumstrittene, alle Unebenheiten glättende Bezeichnung gefunden zu haben. Vielmehr steckt dahinter der Versuch, jenseits kategorisierender Bezeichnungen auf literarhistorischem Feld die Zeit vor dem eigentlichen Beginn des „Realismus" zu benennen – also der Zeit nach der Revolution von 1848, deren Ausgang die Literatur ganz wesentlich beeinflusste. Nichtsdestoweniger stellen diese Revolution und ihre Folgen zwar einen Einschnitt dar, aber nicht in der Form, dass nun der Frührealismus zu einem jähen Ende gekommen wäre. Richtig ist vielmehr, dass die Autoren der Zeit vor der Revolution deren letztendliches Scheitern noch eine Zeit lang reflektierten. Überdies sind die Übergänge von einzelnen in diesem Heft vorgestellten Werken (vor allem des Biedermeier) und jenen beispielsweise von Theodor Fontane oder Gottfried Keller durchaus fließend.

vgl. das Arbeitsheft „Realismus“

Die Unterteilung der Literatur einer Zeit in verschiedene Strömungen (hinzu kommt noch die Epoche der späten Romantik und ihr literarisches Umfeld) birgt natürlich die Gefahr, dass gemeinsame Strukturen und Tendenzen zugunsten einer auf klare Unterscheidbarkeit bedachten Darstellung zu kurz kommen. Es bietet sich demnach an, zunächst einmal unabhängig von der herkömmlichen Einteilung in die drei literarischen Strömungen gemeinsame Tendenzen in der Literatur der Zeit zu suchen. Dabei fällt ein Nebeneinander von zwei verschiedenen Grundstimmungen der Zeit auf: die eine könnte umschrieben werden mit dem Begriff „Aufbruchstimmung", die andere mit „Melancholie".

EIN NEUES LIED: LASS, O WELT, O LASS MICH SEIN – GEGENSÄTZE DER EPOCHE

So kompliziert wie die politische Situation nach dem Wiener Kongress 1815 waren auch die Entwicklungen in der literarischen Landschaft. Die verschiedensten Strömungen liefen parallel und nicht selten findet man bei ein und demselben Autor anscheinend völlig gegensätzliche Tendenzen. Es herrscht der Gegensatz zwischen einer vorwärts gerichteten, im Glauben an die Veränderbarkeit der politischen Zustände positiven Grundeinstellung und einer Stimmung der Melancholie, des resignativen Weltschmerzes. Sie ist Ausdruck tiefgreifender Orientierungslosigkeit, innerer Zerrissenheit und Niedergeschlagenheit – auch beispielsweise bei Heinrich Heine:

[...] Wer von seinem Herzen rühmt, es sei ganz geblieben, der gesteht nur, dass er ein prosaisches, weit abgelegenes Winkelherz hat. Durch das meinige ging aber der große Weltriss, und eben deswegen weiß ich, dass die großen Götter mich vor vielen anderen hoch begnadigt und des Dichtermärtyrtums würdig geachtet haben. Einst war die Welt ganz, im Altertum und im Mittelalter, trotz der äußeren Kämpfe gab's doch noch immer eine Welteinheit, und es gab ganze Dichter. Wir wollen diese Dichter ehren und uns an ihnen erfreuen; aber jede Nachahmung ihrer Ganzheit ist eine Lüge, eine Lüge, die jedes gesunde Auge durchschaut und die dem Hohne dann nicht entgeht.

Andererseits finden sich auch zahlreiche Beispiele für einen kämpferischen Einsatz, so z. B. in Freiligraths Gedicht *Schwarz-Rot-Gold,* wo es u. a. heißt:

In Kümmernis und Dunkelheit,
Da mussten wir sie bergen!
Nun haben wir sie doch befreit,
Befreit aus ihren Särgen!
Ha, wie das blitzt und rauscht und rollt
Hurra, du Schwarz, du Rot, du Gold!
Pulver ist schwarz,
Blut ist rot,
Golden flackert die Flamme!

Das ist das alte Reichspanier,
Das sind die alten Farben!
Darunter haun und holen wir
Uns bald wohl junge Narben!
Denn erst der Anfang ist gemacht,
Noch steht bevor die letzte Schlacht!
Pulver ist schwarz,
Blut ist rot,
Golden flackert die Flamme! [...]

Denn das ist noch die Freiheit nicht,
Die Deutschland muss begnaden,
Wenn eine Stadt in Waffen spricht
Und hinter Barrikaden:
„Kurfürst, verleih! Sonst – hüte dich! –,
Sonst werden wir – – großherzoglich!"
Pulver ist schwarz,
Blut ist rot,
Golden flackert die Flamme! [...]

Die Freiheit ist die Nation,
Ist aller gleich Gebieten!
Die Freiheit ist die Auktion
Von dreißig Fürstenhüten!
Die Freiheit ist die Republik!
Und abermals: die Republik!
Pulver ist schwarz,
Blut ist rot,
Golden flackert die Flamme!

Die eine deutsche Republik,
Die musst du noch erfliegen!
Musst jeden Strick und Galgenstrick
Dreifarbig noch besiegen!
Das ist der große letzte Strauß –
Flieg aus, du deutsch Panier, flieg aus!
Pulver ist schwarz,
Blut ist rot,
Golden flackert die Flamme! [...]

1. Charakterisieren Sie die Stimmung der beiden Texte.

Nach Einschätzung von Literaturwissenschaftlern und Dichtern der Zeit nach 1848 handelte es sich bei dem „Weltschmerz“ um ein Phänomen, das für die Jahre vor der Revolution typisch gewesen sei. Derlei Schwermut und innere Zerrissenheit mögen heute als Modeerscheinung erkannt und abgetan werden, wie dies auch schon kurz nach 1848 der Fall war. Doch darum geht es eigentlich nicht. Wichtig ist, wie die Zeit von ihren Menschen wirklich erlebt wurde, und für die Zeitgenossen stellte sie sich objektiv als zerrissen dar. Gleichzeitig aber zeigten andere Schriftsteller keine Zeichen dieser Zerrissenheit oder machten sich gar darüber als Zeitmode lustig, sondern glaubten vielmehr daran, mit Literatur etwas Positives bewirken zu können.
Es ist also zu fragen, welchen Anteil die spezifische geschichtliche Situation des Bürgertums jener Jahre an dieser Ambivalenz der Einstellungen hat.
Nachdem es 1815 – Napoleon war besiegt – so ausgesehen hatte, als hätte das befreite Deutschland eine reelle Chance, ein einheitliches Staatswesen mit einer demokratischen Verfassung zu werden, wurden die Menschen schon bald eines Besseren belehrt: Der Deutsche Bund erwies sich als äußerst lockere Zusammenfügung aus 39 weitgehend souveränen Fürstentümern und Städten, in denen die absolut regierenden Landesfürsten mehr und mehr versuchten, die Zustände zu restaurieren, die vor der Französischen Revolution geherrscht hatten. Dies zu erreichen war das erklärte Ziel des Wiener Kongresses, der von der Heiligen Allianz aus Preußen, Österreich und Russland dominiert wurde. Mittels schärfster Zensurgesetze sollten alle nationalen und liberalen Strömungen, die es vor allem in der Studentenschaft und bei den Dichtern gab, unterdrückt werden. Diese Tendenz verschärfte sich nach dem Wartburgfest im Jahre 1817, als eine gesamtdeutsche Studentenbewegung revolutionäre Forderungen nach einem demokratisch geführten deutschen Staat äußerte, und fand ihren Höhepunkt mit den so genannten „Karlsbader Beschlüssen“ im Jahr 1819. Andererseits waren die politisch fortschrittlichen Kräfte stark und erfreuten sich einer sehr großen Popularität bei der Bevölkerung. Es herrschte in der Tat Aufbruchstimmung, die sich jedoch nicht offen artikulieren durfte. Auf diesem Hintergrund wird deutlich, dass man die äußere Lage von zwei Blickwinkeln aus wahrnehmen und infolgedessen völlig verschieden einschätzen konnte. Je nach persönlicher Befindlichkeit stand dem Fortschrittsdenken der Rückzug ins eigene Ich gegenüber:

Eduard Mörike
Verborgenheit (1832)

Lass, o Welt, o lass mich sein!
Locket nicht mit Liebesgaben,
Lasst dies Herz alleine haben
Seine Wonne, seine Pein!

Was ich traure, weiß ich nicht,
Es ist unbekanntes Wehe;
Immerdar durch Tränen sehe
Ich der Sonne liebes Licht.

Oft bin ich mir kaum bewusst,
Und die helle Freude zücket
Durch die Schwere, so mich drücket,
Wonniglich in meiner Brust.

Lass, o Welt, o lass mich sein!
Locket nicht mit Liebesgaben,
Lasst dies Herz alleine haben
Seine Wonne, seine Pein!

Georg Herwegh
Aufruf (1841)

Reißt die Kreuze aus der Erden!
Alle sollen Schwerter werden,
Gott im Himmel wird's verzeihn.
Lasst, o lasst das Verseschweißen!
Auf den Amboss legt das Eisen!
Heiland soll das Eisen sein.

[…]

2. Welchen Standort nimmt das lyrische Ich in seiner Welt jeweils ein?
3. Mischen Sie sich in den Entstehungsprozess eines der beiden Gedichte ein und nehmen Sie Kontakt auf zu dem Verfasser, der gerade an seinem Gedicht schreibt.

GEN TYRANNEN UND PHILISTER – *VORMÄRZ* UND *JUNGES DEUTSCHLAND*

Am 10. Dezember 1835 erging folgender Beschluss der Bundesversammlung des Deutschen Bundes:

Nachdem sich in Deutschland in neuerer Zeit, und zuletzt unter der Benennung „Das junge Deutschland“ oder „Die junge Literatur“, eine literarische Schule gebildet hat, deren Bemühungen unverhohlen dahin gehen, in belletristischen, für alle Klassen von Lesern zugänglichen Schriften die christliche Religion auf die frechste Weise anzugreifen, die bestehenden sozialen Verhältnisse herabzuwürdigen und alle Zucht und Sittlichkeit zu zerstören: so hat die deutsche Bundesversammlung – in Erwägung, dass es dringend notwendig sei, diesen verderblichen, die Grundpfeiler aller gesetzlichen Ordnung untergrabenden Bestrebungen durch Zusammenwirken aller Bundesregierungen sofort Einhalt zu tun, und unbeschadet weiterer, vom Bunde oder von den einzelnen Regierungen zur Erreichung des Zweckes nach Umständen zu ergreifenden Maßregeln – sich zu nachstehenden Bestimmungen vereinigt:

1. Sämtliche deutsche Regierungen übernehmen die Verpflichtung, gegen die Verfasser, Verleger, Drucker und Verbreiter der Schriften aus der unter der Bezeichnung „Das junge Deutschland“ oder „Die junge Literatur“ bekannten literarischen Schule, zu welcher namentlich Heinr. Heine, Carl Gutzkow, Heinr. Laube, Ludolph Wienbarg und Theodor Mundt gehören, die Straf- und Polizei-Gesetze ihres Landes, sowie die gegen den Missbrauch der Presse bestehenden Vorschriften, nach ihrer vollen Strenge in Anwendung zu bringen, auch die Verbreitung dieser Schriften, sei es durch den Buchhandel, durch Leihbibliotheken oder auf sonstige Weise, mit allen ihnen gesetzlich zu Gebot stehenden Mitteln zu verhindern.

2. Die Buchhändler werden hinsichtlich des Verlags und Vertriebs der oben erwähnten Schriften durch die Regierungen in angemessener Weise verwarnt, und es wird ihnen gegenwärtig gehalten werden, wie sehr es in ihrem wohlverstandenen eigenen Interesse liege, die Maßregeln der Regierungen gegen die zerstörende Tendenz jener literarischen Erzeugnisse auch ihrerseits, mit Rücksicht auf den von ihnen in Anspruch genommenen Schutz des Bundes, wirksam zu unterstützen.

1. Ein Ausrufer gibt den Beschluss öffentlich bekannt – natürlich so, dass auch die einfachen Leute ihn sprachlich verstehen …

Der Beschluss traf die genannten Autoren unvermittelt und hart, da einige von ihnen von der Schriftstellerei lebten. Mundt z. B. versichert deshalb „auf Ehre und Gewissen“, es sei nichts „Feindliches und Widerstrebendes gegen die öffentliche Ordnung“ in seinen Schriften gewesen, das einen solchen Schritt gerechtfertigt habe, und er findet nur eine Erklärung: „Gleichzeitige Bestrebungen mehrerer Schriftsteller, mit denen ich leider auch zu meinem Unglück zusammenrangiert worden bin, haben mir mehr geschadet als meine eigene unbedachtsame Jugend und meine eigenen Tendenzen.“

In der Tat deutet vieles darauf hin, dass – wie schon die Zeitgenossen vermuteten – das „Junge Deutschland“ nicht eigentlich eine literarische Gruppe, sondern vielmehr ein Phantom der damaligen Polizei war, dem der Beschluss der Bundesversammlung erst Konturen verlieh. So steht z. B. fest, dass einigen der genannten Autoren viel daran lag, Gegensätzliches stärker in den Vordergrund zu rücken als Gemeinsamkeiten. Karl Gutzkow betont beispielweise, es sei zwischen den als Mitgliedern des „Jungen Deutschland“ bezeichneten Autoren nie etwas verabredet gewesen, und er geht sogar so weit, sich von Mundt und Laube zu distanzieren, weil deren Schriften nicht viel wert seien. Auch Ludwig Börne und Adolf Glaßbrenner werden häufig der Gruppe der Jungdeutschen zugerechnet, doch auch dies hat etwas Willkürliches.

Des Weiteren muss man sehen, dass es zum Teil große Differenzen zwischen den eher radikalen Vertretern des „Vormärz" gab und den gemäßigteren, liberaleren „Jungdeutschen" – wer immer das im Einzelfall auch sei. Deutlich wird der Unterschied bei einem Blick auf einen Brief Büchners an Gutzkow – den er im Übrigen sehr schätzte – vom Jahr 1836:

Biografie Büchners s. S. 28

Übrigens, um aufrichtig zu sein, Sie und Ihre Freunde scheinen mir nicht gerade den klügsten Weg gegangen zu sein. Die Gesellschaft mittelst der Idee, von der gebildeten Klasse aus reformieren? Unmöglich! Unsere Zeit ist rein materiell, wären Sie je direkter politisch zu Werk gegangen, so wären Sie bald auf den Punkt gekommen, wo die Reform von selbst aufgehört hätte. Sie werden nie über den Riss zwischen der gebildeten und ungebildeten Gesellschaft hinauskommen.

Viele Autoren der Zeit, gleichgültig, ob man sie nun eher zum „literarischen Vormärz" oder zum „Jungen Deutschland" zählt, verband jedoch ein gemeinsamer Grundkonsens, eine gemeinsame Grundeinstellung. Sie alle besangen die Freiheit und kämpften auch dafür, zum Teil unter hohem persönlichen Risiko. Und jeder von ihnen verurteilte und verabscheute alles, was sich zwischen sie und dieses Ideal von Freiheit stellte. So waren sie bei aller individuellen Verschiedenheit oder sogar Gegnerschaft doch auf höherer Ebene vereint durch gemeinsame Gegner und Feinde. Diese waren in allererster Linie die staatliche Zensur und die Institution Kirche, die als Träger des Konservatismus und als Mittel, das Volk in der Unterdrückung verharren zu lassen, angesehen wurde. Aber auch das selbstzufriedene Bürgertum wurde verachtet, weil es aus Opportunismus der Freiheit und dem Fortschritt im Weg zu stehen schien (legendäres Zerrbild dieses Spießbürgertums ist die Figur des „deutschen Michel").
Und schließlich wandte man sich gegen die idealistische Literatur der Weimarer Klassik und der Romantik, die als antiquiert, konservativ, abgehoben und elitär angesehen wurde. Von diesen Gemeinsamkeiten bzw. gemeinsamen Gegnern der Vertreter einer emanzipatorischen Dichtung soll im Folgenden die Rede sein.

„Pressfreiheit" – zeitgenössische Karikatur

2. Interpretieren Sie die satirische Illustration auf dem Hintergrund der hier gegebenen Informationen. (Hinweis: Die drei Personen in der Presse sind der Verleger, der Literat und der Drucker.)

DIE FREIHEIT, DIE ICH MEINE ...

„Freiheit" – das war damals eine weitaus umfassendere Forderung als heute, da Staat und Gesellschaft per se freier organisiert sind als zur Zeit vor der Revolution 1848. Die Forderung umfasste für uns heute so selbstverständliche Dinge wie Pressefreiheit und die Möglichkeit, sich frei öffentlich artikulieren zu dürfen. „Freiheit" bedeutete aber auch, nicht mehr von Staat und Kirche bevormundet zu werden.

Biografie s. S. 83

Ludwig Pfau umschreibt sein Bild von Freiheit folgendermaßen:

Freiheit, die ich meine

① Die Freiheit ist kein Königsweib
Mit goldgekrönter Stirne.
In Lumpen hüllt sie noch den Leib,
Die vielverstoß'ne Dirne.*

② Sitzet nicht im hohen Rat,
Der Worte macht, statt Taten,
Freiheit schleicht auf ödem Pfad,
verlassen und verraten.

③ Sie ist auch keine Herrenmaid
Mit Rosen in dem Haare.
Die Freiheit geht, zum Kampf bereit,
Am Arm der Proletare.

④ Sie duldet keinen Heilgenschein,
Und mögt ihr sie auch tadeln:
Sie ist gemein und bleibt gemein◆
Und lässt sich nimmer adeln.

⑤ Nur seit es stets im Westen tagt,
Will sie Französisch lernen.
Obwohl dies vornehm ist, behagt
Es nicht den Herrn mit Sternen.

⑥ Doch sie trägt hoch den schönen Kopf
Und ruft mit stolzem Blicke:
Ein Untertan, das ist ein Tropf!
Vive, vive la Republique!

* Damals nicht abwertend für „Mädchen"
◆ Hier im Sinne von „allgemein, für das Volk"

E 1. Was finden Sie an Pfaus Aussagen noch aktuell, was nicht mehr?
E 2. Was verstehen *Sie* unter „Freiheit"?

Vom 27. bis 30. Mai 1832 fand vor dem Hambacher Schloss eine Kundgebung statt, auf der rund 30 000 Republikaner, Demokraten und Liberale unter den Farben Schwarz-Rot-Gold für die Einheit Deutschlands und die Freiheit des Einzelnen in Deutschland demonstrierten. Sie forderten die Demokraten Europas zur Einigkeit im Kampf gegen die konservative Heilige Allianz der Monarchen Russlands, Österreichs und Preußens auf.

– Die geschichtlichen Ereignisse zwischen 1815 und 1830
– Die geschichtlichen Ereignisse zwischen 1830 und 1848
– Die Situation der verschiedenen Bevölkerungsschichten zwischen 1815 und 1848
– Die Bedeutung der Literatur für die Revolution von 1848

Das Hambacher Fest (1832)

Einer der Hauptredner war der bayerische Publizist Philipp Jacob Siebenpfeiffer. In seiner berühmt gewordenen Rede heißt es unter anderem:

Und es wird kommen der Tag, der Tag des edelsten Siegstolzes, wo der Deutsche vom Alpengebirg und der Nordsee, vom Rhein, der Donau und der Elbe den Bruder im Bruder umarmt, wo die Zollstöcke und die Schlagbäume, wo alle Hoheitszeichen der Trennung und Hemmung und Bedrückung verschwinden, samt den Konstitutiönchen, die man etlichen mürrischen Kindern der großen Familie als Spielzeug verlieh; wo freie Straßen und freie Ströme den freien Umschwung aller Nationalkräfte und Säfte bezeugen; wo die Fürsten die bunten Hermeline feudalistischer Gottstatthalterschaft mit der männlichen Toga deutscher Nationalwürde vertauschen, und der Beamte, der Krieger, statt mit der Bedientenjacke des Herrn und Meisters, mit der Volksbinde sich schmückt; wo nicht 34 Städte und Städtlein, von 34 Höfen das Almosen empfangend, um den Preis hündischer Unterwerfung, sondern wo alle Städte, frei emporblühend aus eigenem Saft, um den Preis patriotischer Gesinnung, patriotischer Tat ringen; wo jeder Stamm, im Innern frei und selbstständig, zu bürgerlicher Freiheit sich entwickelt, und ein starkes, selbst gewobenes Bruderband alle umschließt zu politischer Einheit und Kraft; wo die deutsche Flagge, statt Tribut an Barbaren zu bringen, die Erzeugnisse unseres Gewerbefleißes in fremde Weltteile geleitet und nicht mehr unschuldige Patrioten für das Henkerbeil auffängt, sondern allen freien Völkern den Bruderkuss bringt [...]. Ja, er wird kommen, der Tag, wo ein gemeinsames deutsches Vaterland sich erhebt, das alle Söhne als Bürger begrüßt und alle Bürger mit gleicher Liebe, mit gleichem Schutz umfasst; wo die erhabene Germania dasteht auf dem erzenen Piedestal der Freiheit und des Rechts, in der einen Hand die Fackel der Aufklärung, welche zivilisierend hinausleuchtet in die fernsten Winkel der Erde, in der andern die Waage des Schiedsrichteramts, streitenden Völkern das selbst erbetene Gesetz des Friedens spendend, jenen Völkern, von welchen wir jetzt das Gesetz der Gewalt und den Fußtritt höhnender Verachtung empfangen. [...]

Hoch lebe jedes Volk, das seine Ketten bricht und mit uns den Bund der Freiheit schwört!

3. Formulieren Sie drei Fragen verschiedenen Abstraktionsgrades an den Text: von scheinbar vordergründigen Verständnisfragen bis hin zu Fragen über zeitgeschichtliche Implikationen der Aussagen Siebenpfeiffers.
4. Stellen Sie sich Ihre Fragen gegenseitig und versuchen Sie die Fragen der andern am Text zu beantworten.
5. Erläutern Sie nun Siebenpfeiffers Vision im Einzelnen.
6. Kennen Sie vergleichbare moderne Texte? – Wenn ja, vergleichen Sie.

Die Freiheit wurde mit viel Enthusiasmus besungen, und in die Lieder, die eine weite Verbreitung fanden, mischte sich viel revolutionäres Potential:

Georg Herwegh

Aufruf (1841)

① Reißt die Kreuze aus der Erden!
Alle sollen Schwerter werden,
Gott im Himmel wird's verzeihn.
Lasst, o lasst das Verseschweißen!
Auf den Amboss legt das Eisen!
Heiland soll das Eisen sein.

② Eure Tannen, eure Eichen –
Habt die grünen Fragezeichen
Deutscher Freiheit ihr gewahrt?
Nein, sie soll nicht untergehen!
Doch ihr fröhlich Auferstehen
Kostet eine Höllenfahrt.

③ Deutsche, glaubet euren Sehern,
Unsre Tage werden ehern,
Unsre Zukunft klirrt in Erz;
Schwarzer Tod ist unser Sold nur,
Unser Gold ein Abendgold nur,
Unser Rot ein blutend Herz!

Georg Herwegh (1817–1875)
Biografie s. S. 83

④ Reißt die Kreuze aus der Erden!
Alle sollen Schwerter werden,
Gott im Himmel wird's verzeihn.
Hört er unsre Feuer brausen
Und sein heilig Eisen sausen,
Spricht er wohl den Segen drein.

⑤ Vor der Freiheit sei kein Frieden,
Sei dem Mann kein Weib beschieden
Und kein golden Korn dem Feld;
Vor der Freiheit, vor dem Siege
Seh kein Säugling aus der Wiege
Frohen Blickes in die Welt!

⑥ In den Städten sei nur Trauern,
Bis die Freiheit von den Mauern
Schwingt die Fahnen in das Land;
Bis du, Rhein, durch freie Bogen
Donnerst, lass die letzten Wogen
Fluchend knirschen in den Sand.

⑦ Reißt die Kreuze aus der Erden!
Alle sollen Schwerter werden,
Gott im Himmel wird's verzeihn.
Gen Tyrannen und Philister!
Auch das Schwert hat seine Priester,
Und wir wollen Priester sein!

7. Gegen wen oder was richtet sich das Gedicht? – Hätte ein Zensor leichtes Spiel mit diesem Gedicht?
8. Zeigen Sie an Herweghs Gedicht, welche dichterischen Mittel der Verfasser verwendet um die Leserschaft zu fesseln und in seinem Sinne zu beeinflussen.

Doch es kam alles ganz anders. Statt der erträumten Freiheit siegte letztendlich die restaurative Allianz aus konservativem Bürgertum und Adel, und es blieb fast alles wie zuvor:

Franz Dingelstedt

Fazit der Rechnung

Freiheit, Verfassung, Kaisertum,
Grundrechte, Einheit, Bundesstaat,
Im Innern Ruh, nach außen Ruhm
Was blieb zuletzt das Resultat?

Nur dieses: Dass wir armen Toren
Von allem just so viel verloren,
Als wir, da wir den Anfang machten,
Von allem zu gewinnen dachten.

9. Erläutern Sie in eigenen Worten das Fazit, das Dingelstedt zieht.

DIE SCHERE IM KOPF ...

Die Verschärfung der Zensur durch die „Karlsbader Beschlüsse" 1819 brachte es unter anderem mit sich, dass die beschlossenen Bestimmungen als Bundesgesetze über Ländergrenzen hinweg galten. Einer der Kernpunkte der neuen Verordnung war, dass alle Druckwerke von nicht mehr als 20 Bogen Umfang (das sind 20 x 16 Seiten) sowie alle regelmäßig oder in Heftform erscheinenden Schriften der Präventivzensur unterlagen, das heißt schon vor ihrem Erscheinen der Zensurbehörde vorgelegt werden mussten.
Sehr bekannt wurde die folgende Karikatur, in der die Zensur bis ins Detail beschrieben ist:

Die „gute" Presse – zeitgenössische Karikatur

Man sieht den Triumphzug des Zensors, der als Kopf eine Schere mit großen, alles überwachenden Augen trägt. In den Händen hält er einen spitzen Stift, der etwas ausstreicht, und eine Rute, mit der er züchtigt. Ihm voraus geht der blinde Maulwurf mit einer Standarte, auf der ein Krebs abgebildet ist: Man folgt einem Zeichen, das für Rückwärtsgehen steht. Unmündige, angeleinte Kinder, die nur „ia" sagen können, sowie ein uniformierter „Schafskopf" folgen ihm.

Ludwig Börne (Pseudonym für Löb Baruch) kommentiert die Verschärfung der Zensurmaßnahmen folgendermaßen:

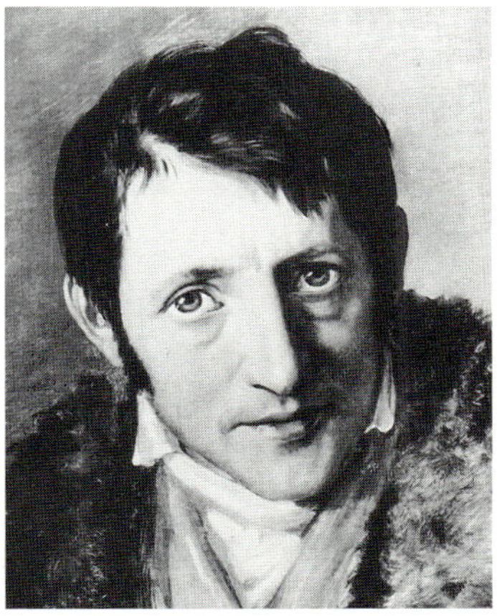

Ludwig Börne (1786–1837)
Biografie s. S. 83

Wer von uns den jüngsten Tag erlebt, wird viel zu lachen bekommen. Was Gott unter zwanzig Bogen spricht, wird zensiert werden, und wenn die Welt brennt und das Fett schmilzt von den Sündern herab, wird die Polizei bekannt machen: „Unruhestifter haben das Gerücht verbreitet, es sei heiß in der Welt; aber das ist eine hämische Lüge, das Wetter war nie kühler und schöner gewesen. Man warnt jedermann vor unvorsichtigen Reden und müßigem Umherschweifen auf der Straße. Eltern sollen ihre Kinder, Lehrer ihre Schüler, Meister ihre Gesellen im Hause behalten. Man bleibe ruhig. Ruhe ist die erste Bürgerpflicht." [...] Und dann wird die Welt untergehen und ruhig werden, und dann wird die ganze Welt deutsch sein.

Für Journalisten und Druckereien stellte die Entwicklung eine besondere Schwierigkeit dar: Zeitungsblätter und Bücher wurden im Allgemeinen nicht in der Manuskriptfassung vorgelegt, sondern so, wie sie gedruckt werden sollten, also gesetzt und umbrochen. Damals wurden die Typen aber noch von Hand gesetzt, und es war gänzlich unrentabel, nach den Streichungen des Zensors noch einmal alles neu zu setzen und zu umbrechen. Deshalb behalf man sich damit, einfach an Stelle der gestrichenen Passagen Striche zu setzen, womit ein interessanter Nebeneffekt verbunden war: Die Leserschaft merkte, dass an der betreffenden Stelle etwas Unbotmäßiges gestanden hätte, wäre es nicht vom

Zensor gestrichen worden. Die Striche wurden folglich schon bald zu einem Stilmittel, die Leserschaft zu Spekulationen darüber anzuregen, was vor der Streichung an der betreffenden Stelle gestanden haben könnte. Einige Zeitungen und Autoren machten sich genau daraus einen Spaß, beispielsweise auch Heine:

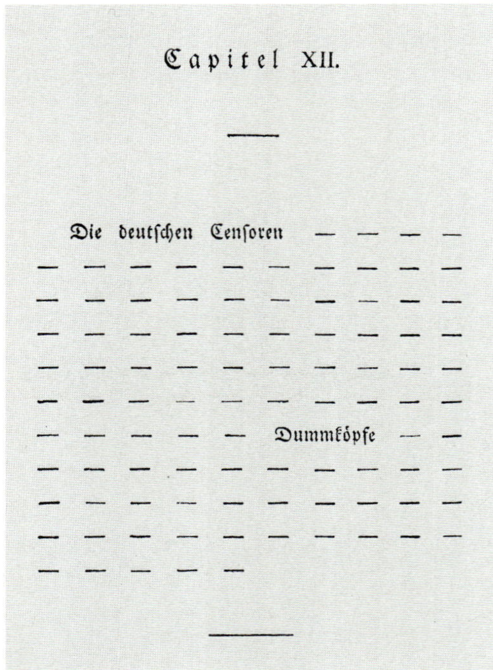
Capitel XII.

Die deutschen Censoren — — — —
— — — — — — — — — —
— — — — — — — — — —
— — — — — — — — — —
— — — — — — — — — —
— — — — — — — — — —
— — — — — Dummköpfe — —
— — — — — — — — — —
— — — — — — — — — —
— — — — — — — — — —
— — — — —

1. Zwei Zensoren, ein kluger und ein beschränkter, diskutieren über Heines Text …

Es gab auch Drucker und Journalisten, die anstelle der Zensurlücke ein Wort oder gar einen von der Länge her passenden unverfänglichen Satz einsetzten, um damit den Zensor der Lächerlichkeit preiszugeben. So wird berichtet, dass ein findiger Redakteur beständig „Cnsrschr" eingesetzt habe, wo der (nicht übermäßig intelligente) Zensor gestrichen hatte. Dieser, so wird berichtet, habe schließlich ganz verstört nach dem Sinn des Wortes gefragt und der Redakteur habe ihm erklärt, es handle sich um „kosakisches Feldgeschrei".

2. Wissen Sie es besser?
3. Verfassen Sie einen Artikel oder eine Satire gegen Ihre Deutschlehrerin bzw. Ihren Deutschlehrer. Beachten Sie aber die strenge „Zensur".

DER DICHTER IST KEIN LEHRER DER MORAL

Zweifellos ist kaum einer der Dichter des Frührealismus frei von Einflüssen der Weimarer Klassik oder der Romantik, aber durch die politischen Ereignisse zu Beginn des 19. Jahrhunderts und insbesondere der Jahre nach 1815 verschieben sich die Akzente doch ganz beträchtlich. Unter den sich verändernden ökonomischen und sozialen Verhältnissen macht nämlich auch die Literatur eine entscheidende Entwicklung hin zur eher realistischen Schreibweise durch.
Das Gefühl, die Welt berge einen ihr innewohnenden, tieferen Sinn, verflüchtigt sich zunehmend. Zurück bleiben Ernüchterung, Resignation, Melancholie und – ein realistischerer Blick auf die ganz konkrete Umwelt und deren Einflüsse auf den Menschen. Die Welt wird zunehmend so dargestellt, wie sie den Dichtern wirklich erscheint, und weniger so, wie sie sie gerne hätten. Die Dichtung Goethes, Schillers und der Romantik wird zwangsläufig nun überaus kritisch betrachtet, und man wirft den „Alten" vor, die Welt künstlich überhöht und unrealistisch dargestellt zu haben. Und wenngleich der eine oder andere doch poetische oder stilistische Elemente des Idealismus aufgreift, stehen sie in aller Regel in einem völlig anderen inhaltlichen Zusammenhang als bei Schiller, Goethe, Tieck usw.

Ludolf Wienbarg beispielsweise widmet den modernen Schriftstellern in seinen *Ästhetischen Feldzügen* (1834) unter anderem folgende Zeilen:

Biografie s. S. 83

Dir, junges Deutschland, widme ich diese Reden, flüchtige Ergüsse wechselnder Aufregung, aber alle aus der Sehnsucht des Gemüts nach einem besseren und schöneren Volksleben entsprungen. [...] Jene früheren Großen unserer Literatur lebten in einer von der Welt abgeschiedenen Sphäre, weich und warm gebettet in einer verzauberten idealen Welt, und sterblichen Göttern ähnlich auf die Leiden und Freuden der wirklichen Welt hinanschauend und sich vom Opferduft der Gefühle und Wünsche des Publikums ernährend. Die neuern Schriftsteller sind von dieser sichern Höhe herabgestiegen, sie machen einen Teil des Publikums aus, sie stoßen sich mit der Menge herum, sie ereifern sich, freuen sich, lieben und zürnen wie jeder andere, sie schwimmen mitten im Strom der Welt [...]. Die Schriftstellerei ist kein Spiel schöner Geister, kein unschuldiges Ergötzen, keine leichte Beschäftigung der Fantasie mehr, sondern der Geist der Zeit, der unsichtbar über allen Köpfen waltet, ergreift des Schriftstellers Hand und schreibt im Buch des Lebens mit dem ehernen Griffel der Geschichte, die Dichter und ästhetischen Prosaisten stehen nicht mehr wie vormals allein im Dienst der Musen, sondern auch im Dienst des Vaterlandes, und allen mächtigen Zeitbestrebungen sind sie Verbündete.

1. Stellen Sie die „alte" und die „neue" Welt der Dichtung einander gegenüber. Welche Themenbereiche werden angesprochen?

Auch Georg Büchner grenzt sich in einem Brief an seine Familie vom Idealismus ab. Er nimmt dabei Bezug auf die Kritik, sein Drama *Dantons Tod* sei unmoralisch.

Biografie s. S. 28

Der Dichter ist kein Lehrer der Moral, er erfindet und schafft Gestalten, er macht vergangene Zeiten wieder aufleben, und die Leute mögen dann daraus lernen, so gut, wie aus dem Studium der Geschichte und der Beobachtung dessen, was im menschlichen Leben um sie herum vorgeht. Wenn man so wollte, dürfte man keine Geschichte studieren, weil sehr viele unmoralische Dinge darin erzählt werden, müsste mit verbundenen Augen über die Gasse gehen, weil man sonst Unanständigkeiten sehen könnte, und müsste über einen Gott Zeter schreien, der eine Welt erschaffen, worauf so viele Liederlichkeiten vorfallen. Wenn man mir übrigens noch sagen wollte, der Dichter müsse die Welt nicht zeigen, wie sie ist, sondern wie sie sein solle, so antworte ich, dass ich es nicht besser machen will als der liebe Gott, der die Welt gewiss gemacht hat, wie sie sein soll. Was noch die so genannten Idealdichter anbetrifft, so finde ich, dass sie fast nichts als Marionetten mit himmelblauen Nasen und affektiertem Pathos, aber nicht Menschen von Fleisch und Blut gegeben haben, deren Leid und Freude mich mitempfinden macht, und deren Tun und Handeln mir Abscheu oder Bewunderung einflößt. Mit einem Wort, ich halte viel auf Goethe oder Shakespeare, aber sehr wenig auf Schiller.

Eine ähnliche Position kommt in Büchners Novelle *Lenz* zum Ausdruck, wo er den Protagonisten Folgendes sagen lässt:

[Der] Idealismus ist die schmählichste Verachtung der menschlichen Natur. Man versuche es einmal und senke sich in das Leben des Geringsten und gebe es wieder, in den Zuckungen, den Andeutungen, dem ganzen feinen, kaum bemerkten Mienenspiel.

2. Welche Position setzt Büchner dem Idealismus entgegen? Wie sieht er diesen?
3. Formulieren Sie Büchners Text um in einen kurzen Dialog zwischen Schiller, wie ihn Büchner sieht, und Büchner selbst.
4. Erweitern Sie die Beiträge der beiden durch eigene Fragen und Äußerungen.

Der scheinbare Widerspruch, dass Büchner sagt, er schätze Goethe, halte aber nichts von Schiller, ist damit zu erklären, dass er in Goethe auch den Naturwissenschaftler und Verfasser von Werken sieht, in deren Zentrum nicht, wie bei Schiller, eine „Idee" steht, sondern die naturwissenschaftliche Betrachtung der äußeren Welt, deren Methode im Übrigen der des Mediziners Büchner sehr nahe steht.
Wie sehr sich Büchners Auffassung etwa vom idealistischen Konzept Schillers unterscheidet, zeigt ein vermeintlich unscheinbarer Text: Büchners Aufsatz *Über Schädelnerven; Probevorlesung, gehalten in Zürich 1836.*

5. Bevor Sie den folgenden Text lesen, diskutieren Sie bitte die Frage, ob ein Mensch etwas sieht, *weil* er Augen hat, oder ob er Augen hat, *damit* er etwas sehen kann. Welche Implikationen hängen an dieser Frage? Inwiefern kann sie zum Ausgangspunkt ideologischer Streitgespräche werden?

Lesen Sie nun Büchners Text und wenden Sie dabei Ihr Hintergrundwissen an:

Hoch geachtete Zuhörer!
Es treten uns auf dem Gebiete der physiologischen und anatomischen Wissenschaften zwei sich gegenüberstehende Grundansichten entgegen, die sogar ein nationelles Gepräge tragen, indem die eine in England und Frankreich, die andere in Deutschland überwiegt. Die erste betrachtet alle Erscheinungen des organischen Lebens vom teleologischen Standpunkt aus; sie findet die Lösung des Rätsels in dem Zweck der Wirkung, in dem Nutzen der Verrichtung eines Organs. Sie kennt das Individuum nur als etwas, das einen Zweck außer sich erreichen soll, und nur in seiner Bestrebung, sich der Außenwelt gegenüber teils als Individuum, teils als Art zu behaupten. Jeder Organismus ist für sie eine verwickelte Maschine, mit den künstlichen Mitteln versehen, sich bis auf einen gewissen Punkt zu erhalten. Das Enthüllen der schönsten und reinsten Formen im Menschen, die Vollkommenheit der edelsten Organe, in denen die Psyche fast den Stoff zu durchbrechen und sich hinter den leichtesten Schleiern zu bewegen scheint, ist für sie nur das Maximum einer solchen Maschine. Sie macht den Schädel zu einem künstlichen Gewölbe mit Strebepfeilern, bestimmt, seinen Bewohner, das Gehirn, zu schützen, – Wangen und Lippen zu einem Kau- und Respirationsapparat, – das Auge zu einem komplizierten Glase, – die Augenlider und Wimpern zu dessen Vorhängen; – ja die Träne ist nur der Wassertropfen, welcher es feucht erhält. [...]
Die teleologische Methode bewegt sich in einem ewigen Zirkel, indem sie die Wirkungen der Organe als Zwecke voraussetzt. Sie sagt zum Beispiel: Soll das Auge seine Funktion versehen, so muss die Hornhaut feucht erhalten werden, und somit ist eine Tränendrüse nötig. Diese ist also vorhanden, damit das Auge feucht erhalten werde, und somit ist das Auftreten dieses Organs erklärt; es gibt nichts weiter zu fragen, – die entgegengesetzte Ansicht sagt dagegen: Die Tränendrüse ist nicht da, damit das Auge feucht werde, sondern das Auge wird feucht, weil eine Tränendrüse da ist, oder, um ein anderes Beispiel zu geben, wir haben nicht Hände, damit wir greifen können, sondern wir greifen, weil wir Hände haben. [...]
Die Natur handelt nicht nach Zwecken, sie reibt sich nicht in einer unendlichen Reihe von Zwecken auf, von denen der eine den anderen bedingt; sondern sie ist in allen ihren Äußerungen sich unmittelbar selbst genug. Alles, was ist, ist um seiner selbst willen da.

Vorschlag für ein Kurzreferat:

Klären Sie die oben angesprochene Frage auf dem Hintergrund der Entwicklung des Lebens. Hat Büchner wissenschaftlich Recht?

6. Erläutern Sie Büchners Ausführungen.
7. Welches Menschenbild Büchners lässt sich daraus ableiten? – Ist der Mensch dazu da, Ziele zu erreichen? Arbeiten Sie bei der Beantwortung dieser Fragen genau am Text!
8. Erörtern Sie Büchners Standpunkt.

„OPIUM DES VOLKS" – RELIGION ALS POLITIKUM

Religion als Opium des Volks – dieses Verdikt von Karl Marx hat einige Berühmtheit erlangt. Es muss zunächst einmal aus seiner Zeit heraus verstanden werden. So schreibt Karl Marx 1844:

Karl Marx (1818–1883)

Der Mensch, der in der fantastischen Wirklichkeit des Himmels, wo er einen Übermenschen suchte, nur den Widerschein seiner selbst gefunden hat, wird nicht mehr geneigt sein, nur den Schein seiner selbst, nur den Unmenschen zu finden, wo er seine wahre Wirklichkeit sucht und suchen muss. Das Fundament der irreligiösen Kritik ist: Der Mensch macht die Religion, die Religion macht nicht den Menschen. Und zwar ist die Religion das Selbstbewusstsein und das Selbstgefühl des Menschen, der sich selbst entweder noch nicht erworben oder schon wieder verloren hat. Aber der Mensch, das ist kein abstraktes, außer der Welt hockendes Wesen. Der Mensch, das ist die Welt des Menschen, Staat, Sozietät. Dieser Staat, diese Sozietät produzieren die Religion, ein verkehrtes Weltbewusstsein, weil sie eine verkehrte Welt sind. [...] Der Kampf gegen die Religion ist also mittelbar der Kampf gegen jene Welt, deren geistiges Aroma die Religion ist. Das religiöse Elend ist in einem der Ausdruck des wirklichen Elendes und in einem die Protestation gegen das wirkliche Elend. Die Religion ist der Seufzer der bedrängten Kreatur, das Gemüt einer herzlosen Welt, wie sie der Geist geistloser Zustände ist. Sie ist das Opium des Volks.

1. Schreiben Sie die zentralen Aussagen dieses Textes heraus.
2. Versuchen Sie nun, diese zentralen Aussagen gedanklich durch die untergeordneten Überlegungen von Karl Marx zu verbinden, ohne in den Text zu schauen.
3. Überprüfen Sie Ihre so entstandene Zusammenfassung am Text. Lässt sie sich noch kürzen?
4. Welche der folgenden Aussagen sind im Sinne des Textes von Marx richtig? Kreuzen Sie an.

- ☐ Die Religion ist der Ausdruck der Entfremdung des Menschen von sich selbst.
- ☐ Wer gegen die Religion kämpft, wendet sich damit auch gegen die gesellschaftlichen Missstände.
- ☐ Der religiöse Mensch protestiert gegen das Elend der Welt.
- ☐ Religion gibt dem Menschen Selbstbewusstsein und Selbstwert.
- ☐ Der Mensch hat im Himmel schon immer nur das Abbild seiner selbst gesehen.
- ☐ Es ist als irreligiös abzulehnen, wenn man sagt, der Mensch schaffe sich seine eigene Religion.
- ☐ Es ist als fantastisch zu werten, dass der Himmel für so viele Wirklichkeit ist.
- ☐ Erst die Religion gibt der herzlosen Welt Sinn und inneren Halt.
- ☐ Marx betrachtet den Idealismus wie auch die Religion mit großem Misstrauen, denn er sieht in beiden ein Mittel der Mächtigen, ihre Herrschaft zu zementieren.
- ☐ Marx erachtet es als notwendig, das Volk an der geistigen bzw. geistlichen Leine zu halten.

Biografie s. S. 83

Im folgenden – stark gekürzten – Gedicht von Gottfried Kinkel geht es vordergründig um Religion, doch zeigt sich in der Art der Darstellung, wie Religion und gesellschaftliches Sein zusammenhängen:

Gottfried Kinkel

Des Untertanen Glaubensbekenntnis

① Stets nur treu und stets loyal
Und vor allem stets zufrieden,
So hat Gott es mir beschieden,
Folglich bleibt mir keine Wahl.
Ob des Staates alten Karren
Weise lenken oder Narren,
Dieses geht mich gar nichts an,
Denn ich bin ein Untertan.

② Jeder Untertan und Christ
Weiß den Dienst und dass daneben
Mit dem Staat sich abzugeben
Keineswegs ersprießlich ist.
Wer nicht herrscht, hört zu den Dummen,
Also warum sollt ich brummen?
Dieses geht mich gar nichts an,
Denn ich bin ein Untertan.

③ Ob ich aller Völker Hohn,
Weil auf Deutschlands beiden Küsten
Sich nur fremde Flaggen brüsten,
Christlich schweig ich still davon.
Denn zuerst geziemt dem Throne,
Dass die Frommen er belohne;
Folglich geht mich das nichts an,
Denn ich bin ein Untertan.

[…]

5. Zwei der weiteren Strophen beginnen folgendermaßen:
   – Red ich wohl ein bisschen frei – […]
   – Trotz der Arbeit Tag und Nacht […]
   Trauen Sie sich zu, die beiden Strophen zu verfassen?

GERMANEN, GEMÜTLICH UND BRAV – DER DEUTSCHE MICHEL

Nicht nur der Obrigkeit und der sie unterstützenden Kirche galt die Kritik der Autoren des literarischen Vormärz, sondern auch dem betulichen, spießigen Teil des Bürgertums, der sich unpolitisch in sein Privatleben zurückzog und das Leben im engen Rahmen seiner Möglichkeiten genoss.

Ludwig Richter: Bürgerstunde1

Heinrich Heine

Zur Beruhigung (1844)

Biografie s. S. 75

Wir schlafen ganz, wie Brutus schlief,
Doch jener erwachte und bohrte tief
In Cäsars Brust das kalte Messer!
Die Römer waren Tyrannenfresser.

Wir sind keine Römer, wir rauchen Tabak.
Ein jedes Volk hat seinen Geschmack,
Ein jedes Volk hat seine Größe;
In Schwaben kocht man die besten Klöße.

Wir sind Germanen, gemütlich und brav,
Wir schlafen gesunden Pflanzenschlaf,
Und wenn wir erwachen, pflegt uns zu dürsten,
Doch nicht nach dem Blute unserer Fürsten.

Wir sind so treu wie Eichenholz,
Auch Lindenholz, drauf sind wir stolz;
Im Land der Eichen und der Linden
Wird niemals sich ein Brutus finden.

Und wenn auch ein Brutus unter uns wär,
Den Cäsar fänd er nimmermehr,
Vergeblich würd er den Cäsar suchen;
Wir haben gute Pfefferkuchen.

Wir haben sechsunddreißig Herrn*
(Ist nicht zu viel!), und einen Stern
Trägt jeder schützend auf seinem Herzen,
Und er braucht nicht zu fürchten die Iden
des Märzen◆.
Wir nennen sie Väter, und Vaterland
Benennen wir dasjenige Land,
Das erbeigentümlich gehört den Fürsten;
Wir lieben auch Sauerkraut mit Würsten.

Wenn unser Vater spazieren geht,
Ziehn wir den Hut mit Pietät;
Deutschland, die fromme Kinderstube,
Ist keine römische Mördergrube.

* Anspielung auf den Deutschen Bund

◆ Tage in der Monatsmitte; Cäsar wurde am 15. März 44 v. Chr. umgebracht.

1. Erarbeiten Sie am Text die Unterschiede zwischen den Römern und den „Germanen"; suchen Sie jeweils ein besonders charakteristisches Adjektiv für beide „Stämme".
2. Zeigen Sie, welche Wirkung Heine mit vermeintlich unpassenden Gedankenverbindungen erzielt (z. B. V. 7 und 8).
3. Wer ist eigentlich der Sprecher des Gedichts? Zu wem spricht er?
4. Wen kritisiert Heine? – Deuten Sie in diesem Zusammenhang auch den Gedichttitel. – Vergleichen Sie das Gedicht mit Heines Text auf S. 82.

Das gehobene Bürgertum hatte keinerlei Interesse daran, dass das in den vierziger Jahren entstehende Proletariat mächtig werden sollte – im Gegenteil. Deshalb waren die Aktivitäten dieser sozialen Schicht auch sehr gering, wenn es darum ging, für mehr Bürgerrechte auf die Straße zu gehen, zumal damit starke Repressionen des Polizeistaats verbunden waren, denen sich nicht jeder um seiner politischen Überzeugung willen aussetzen wollte. Es entstand die Figur des Biedermeier und des deutschen Michel, mit dem man alles machen konnte. Gegen ihn richtete sich der Zorn der engagierten Literaten:

August Heinrich Hoffmann von Fallersleben

Nicht Mord, nicht Bann, nicht Kerker,
Und Standrecht obendrein, –
Es muss noch kommen stärker,
Wenn's soll von Wirkung sein.

Ihr müsst zu Bettlern werden,
Müsst hungern allesamt,
Zu Mühen und Beschwerden
Verflucht sein und verdammt!

Euch muss das bisschen Leben
So gründlich sein verhasst,
Dass ihr es weg wollt geben
Wie eine Qual und Last!

Dann, dann vielleicht erwacht noch
In euch ein bessrer Geist,
Der Geist, der über Nacht noch
Euch hin zur Freiheit reißt!

A. H. Hoffmann von Fallersleben (1798–1874)
Biografie s. S. 83

5. Suchen Sie einen Titel für das Gedicht.
6. Wie würde Fallersleben das Gedicht nach 1848 vermutlich überarbeitet haben?

... DASS JEDER NEBEN DEM ANDERN BESTEHE – *DAS BIEDERMEIER*

München, im Jahr 1854: In der satirischen Zeitschrift *Fliegende Blätter* erscheinen, datiert auf Mai 1853, *Auserlesene Gedichte von Weiland Gottlieb Biedermaier, Schulmeister in Schwaben, und Erzählungen des alten Schartenmaier. Mit einem Anhange von Buchbinder Horatius Treuherz.* Verfasser waren der Landarzt Adolf Kußmaul und sein Freund, der Jurist Ludwig Eichrodt. Schon bald war aus Gottlieb Biedermaier eine beliebte und bekannte Figur geworden, die stellvertretend war für den Typus des konservativen und tugendhaften Spießbürgers, der treu und gewissenhaft seinen Pflichten nachkam und ein anspruchsloses, im festen Glauben auf Ordnung und Autorität gründendes Leben führte.
Folgendermaßen hatte man sich die Figur und ihre Gedichte vorzustellen:

Auserlesene Gedichte von Weiland Gottlieb Biedermaier.

Frühlings-Lieder.

I.

Nein, über's Herz kann ich's nicht bringen,
ich muß den schönen Tag besingen,
womit nach so vieler rauher Zeit
der Himmel wieder uns erfreut.

Die Aepfel-, Birn- und Zwetschgenbäume
die Traubenstöck' und Dinkelkeime
sie alle streben schon empor,
auch ich erhebe Herz und Ohr.

II.

Thal und Hügel werden grün
die Bäume schlagen aus,
ja mancher fängt schon an zu blüh'n,
und bildet einen Straus.

Herrlich stehen schon und hoch
die grünen Wintersaaten,
o möchten die Kartoffeln doch,
in diesem Jahr gerathen.

III.

Ach Gott der schöne Weinstock ist
in dieser Nacht erfroren,
die Hoffnung, die den Schmerz versüßt,
ach, Alles ist verloren.

Vier Jahre hat die Kälte itzt
uns Obst und Wein genommen,
wohin wird, der in Armuth sitzt,
wohin wird der noch kommen?

(Fortsetzung folgt.)

Der Maler Carl Spitzweg, der sich auch literarisch betätigte, bringt das biedermeierliche Leben in einem kurzen Gedicht auf den Punkt:

Lebensregel

Wenn dir's vergönnt je, dann richt' es so ein,
Dass dir ein Spaziergang das Leben soll sein!
Stets schaue und sammle, knapp nippe vom Wein,
Mach unterwegs auch Bekanntschaften fein,
Des Abends kehr' selig bei dir wieder ein
Und schlaf in den Himmel, den offnen, hinein!

Aus der eigentlich komischen Figur des Herrn Biedermaier wurde einige Jahrzehnte später ein Stilbegriff, der eine zwar vergangene, nichtsdestoweniger aber oft im Stillen wieder zurückgesehnte Zeit verkörperte. Dieser Stilbegriff (den man als Stilbegriff jetzt mit „e" schrieb) umriss die Zeit nach ca. 1830 in ihren restaurativen Tendenzen. Der romantischen Vorstellung einer allumfassenden Innerlichkeit wie auch der emanzipatorischen Dichtung des Vormärz und des Jungen Deutschlands wurde die Kultivierung der Familie und der bürgerlichen Zurückgezogenheit in den trauten vier Wänden gegenübergestellt – nun allerdings ohne die spießigen Züge der ursprünglichen Figur.

Carl Spitzweg: Der Schmetterlingsfänger (um 1840)

Die ideologische Grundhaltung der Dichter des Biedermeier ist zwar konservativer als die eines Heine oder Büchner, und die Hauptvertreter der Epoche – Annette von Droste-Hülshoff, Jeremias Gotthelf, Eduard Mörike und Adalbert Stifter – unternahmen auch nichts gegen die restaurativen Tendenzen ihrer Zeit und grenzten sich nicht vom Idealismus ab, sondern fühlten sich teilweise sogar als dessen Epigonen. Äußeres Kennzeichen ihrer Dichtung ist die starke Verbundenheit zur „Heimat" und deren Landschaftsgebundenheit. Dies alles sagt jedoch nichts aus über den künstlerischen Wert ihrer Werke und deren literaturgeschichtliche Bedeutung.

Die folgenden Beispiele orientieren sich thematisch an einem ganz wesentlichen und typischen Thema des Biedermeier: der Natur. Sie ist jetzt nicht mehr – wie etwa noch in der Romantik – eine geradezu mystische Wesenheit, ein Ausdruck von Jenseitigem und Gefühltem. Dennoch ist sie für die Vertreter der Epoche noch immer von großer Wichtigkeit und vermittelt noch immer religiöses Empfinden. Man erlebt sie jetzt mehr im Kleinen und beobachtet ihre Erscheinungsformen. Die Naturbeschreibung trägt nun deutlich realistischere Züge als noch in der Zeit der Romantik. Damit wird das Biedermeier zu einer (frühen) Form des Realismus.

1. Betrachten und interpretieren Sie Spitzwegs Gemälde. Welches Naturverständnis spricht Ihrer Ansicht nach daraus?
2. Inwieweit zeigt das Gemälde ironisch-satirische Züge?

ERLEBNIS UND BESCHREIBUNG – NATUR IM BIEDERMEIER

Einer der führenden Vertreter des Biedermeier war der am 23.10.1805 in Oberplan (Böhmerwald) geborene Adalbert Stifter. Er stammt aus einfachsten bäuerlichen Verhältnissen. Früh schon starb sein Vater. In einer Benediktinerabtei erhielt er eine strenge und auf Enthaltsamkeit zielende Erziehung. Anschließend studierte er in Wien, legte aus Prüfungsangst aber keine Abschlussprüfung ab und musste sich dabei seinen Lebensunterhalt als Hauslehrer verdienen. In seinen letzten Lebensjahren war er schwer leberkrank und litt unter Depressionen und Angstzuständen. Er starb am 28.1.1868 von eigener Hand.

In der Vorrede zu seinem Werk *Bunte Steine* legt Stifter seine Weltanschauung dar, die in vielerlei Hinsicht typisch ist für seine Zeit und das Biedermeier. Sie ist Ausdruck eines Lebensgefühls, das den Einzelnen als Teil eines umfassenden, geordneten und friedvollen Ganzen sieht: Stifters so genanntes „sanftes Gesetz".

Adalbert Stifter (1805–1868)

Das Wehen der Luft, das Rieseln des Wassers, das Wachsen der Getreide, das Wogen des Meeres, das Grünen der Erde, das Glänzen des Himmels, das Schimmern der Gestirne halte ich für groß; das prächtig einherziehende Gewitter, den Blitz, welcher Häuser spaltet, den Sturm, der die Brandung treibt, den Feuer speienden Berg, das Erdbeben, welches Länder verschüttet, halte ich nicht für größer als obige Erscheinungen, ja, ich halte sie für kleiner, weil sie nur

Wirkungen so viel höherer Gesetze sind. Sie kommen auf einzelnen Stellen vor und sind die Ergebnisse einseitiger Ursachen. Die Kraft, welche die Milch im Töpfchen der armen Frau emporschwellen und übergehen macht, ist es auch, die die Lava in dem Feuer speienden Berge emportreibt und auf den Flächen der Berge hinabgleiten lässt. Nur augenfälliger sind diese Erscheinungen und reißen den Blick des Unkundigen und Unaufmerksamen mehr an sich, während der Geisteszug des Forschers vorzüglich auf das Ganze und Allgemeine geht und nur in ihm allein Großartigkeit zu erkennen vermag, weil es allein das Welterhaltende ist. Die Einzelheiten gehen vorüber, und ihre Wirkungen sind nach kurzem kaum noch erkennbar. [...] So wie es in der äußeren Natur ist, so ist es auch in der inneren, in der des menschlichen Geschlechtes. Ein ganzes Leben voll Gerechtigkeit, Einfachheit, Bezwingung seiner selbst, Verstandesgemäßheit, Wirksamkeit in seinem Kreise, Bewunderung des Schönen, verbunden mit einem heiteren, gelassenen Streben, halte ich für groß: Mächtige Bewegungen des Gemütes, furchtbar einherrollenden Zorn, die Begier nach Rache, den entzündeten Geist, der nach Tätigkeit strebt, umreißt, ändert, zerstört und in der Erregung oft das eigene Leben hinwirft, halte ich nicht für größer, sondern für kleiner, da diese Dinge so gut nur Hervorbringungen einzelner und einseitiger Kräfte sind wie Stürme, Feuer speiende Berge, Erdbeben. Wir wollen das sanfte Gesetz zu erblicken suchen, wodurch das menschliche Geschlecht geleitet wird. Es gibt Kräfte, die nach dem Bestehen des Einzelnen zielen. Sie nehmen alles und verwenden es, was zum Bestehen und Entwickeln desselben notwendig ist. [...] Es ist das Gesetz dieser Kräfte das Gesetz der Gerechtigkeit, das Gesetz der Sitte, das Gesetz, das will, dass jeder geachtet, geehrt, ungefährdet neben dem andern bestehe [...].

1. Beschreiben Sie in eigenen Worten Stifters „sanftes Gesetz". Welches Verhältnis von Mensch und Natur und welches Menschenbild sprechen aus Stifters Zeilen? – Belegen Sie Ihre Ausführungen am Text.

Stifter sah die Aufgabe seines Schreibens darin, „*gleichgestimmten Freunden* eine *vergnügte* Stunde zu machen, ihnen allen, *bekannten wie unbekannten*, einen *Gruß* zu schicken und ein *Körnlein Gutes* zu dem *Baue des Ewigen* beizutragen" (Hervorhebungen vom Verf.).

2. Analysieren Sie Stifters Ausspruch aus der Vorrede der *Bunten Steine* wortgenau, insbesondere jedes einzelne der kursiv hervorgehobenen Wörter. Versuchen Sie jedes einzelne durch ein ähnliches anderes zu ersetzen und sich so seine Bedeutung zu verdeutlichen.
3. Beschreiben Sie die weltanschauliche Haltung des Dichters und charakterisieren Sie ihn als einen Vertreter des Biedermeier.

Stifters Position in der Literatur seiner Zeit wird auch deutlich in einem Text, der einerseits Zeichen realistischer Literatur aufweist, andererseits aber weltanschaulich eher dem Idealismus verpflichtet ist. Damit wird er zu einem wichtigen und typischen Dokument des Biedermeier, das sich zwischen eben diesen beiden Richtungen bewegt.
Das Thema des Textes ist die Sonnenfinsternis am 8. Juli 1842:

Es gibt Dinge, die man fünfzig Jahre weiß, und im einundfünfzigsten erstaunt man über die Schwere und Furchtbarkeit ihres Inhaltes. So ist es mir mit der totalen Sonnenfinsternis ergangen, welche wir in Wien am 8. Juli 1842 in den frühesten Morgenstunden bei dem günstigsten Himmel erlebten. Da ich die Sache recht schön auf dem Papiere durch eine Zeichnung und Rechnung darstellen kann, und da ich wusste, um soundso viel Uhr trete der Mond unter der Sonne weg und die Erde schneide ein Stück seines kegelförmigen Schattens ab, welches dann wegen des Fortschreitens des Mondes in seiner Bahn und wegen der Achsendrehung der Erde einen schwarzen Streifen über ihre Kugel ziehe, was man dann an verschiedenen Orten zu verschiedenen Zeiten in der Art sieht, dass eine schwarze Scheibe in die

Sonne zu rücken scheint, von ihr immer mehr und mehr wegnimmt, bis nur eine schmale Sichel übrig bleibt, und endlich auch die verschwindet – auf Erden wird es da immer finsterer und finsterer, bis wieder am andern Ende die Sonnensichel erscheint und wächst, und das Licht auf Erden nach und nach wieder zum vollen Tag anschwillt – dies alles wusste ich voraus, und zwar so gut, dass ich eine totale Sonnenfinsternis im Voraus so treu beschreiben zu können vermeinte, als hätte ich sie bereits gesehen.

Aber, da sie nun wirklich eintraf, da ich auf einer Warte hoch über der ganzen Stadt stand und die Erscheinung mit eigenen Augen anblickte, da geschahen freilich ganz andere Dinge, an die ich weder wachend noch träumend gedacht hatte, an die keiner denkt, der das Wunder nicht gesehen.

Nie und nie in meinem ganzen Leben war ich so erschüttert, von Schauer und Erhabenheit so erschüttert, wie in diesen zwei Minuten, es war nicht anders, als hätte Gott auf einmal ein deutliches Wort gesprochen und ich hätte es verstanden. Ich stieg von der Warte herab, wie vor tausend und tausend Jahren etwa Moses von dem brennenden Berge herabgestiegen sein mochte, verwirrten und betäubten Herzens.

Totale Sonnenfinsternis

[...] Ich will es in diesen Zeilen versuchen, für die tausend Augen, die zugleich in jenem Momente zum Himmel aufblickten, das Bild und für die tausend Herzen, die zugleich schlugen, die Empfindung nachzumalen und festzuhalten, insofern dies eine schwache menschliche Feder überhaupt zu tun imstande ist.

[...] Endlich wurden auch auf Erden die Wirkungen sichtbar und immer mehr, je schmäler die am Himmel glühende Sichel wurde; der Fluss schimmerte nicht mehr, sondern war ein taftgraues Band, matte Schatten lagen umher, die Schwalben wurden unruhig, der schöne sanfte Glanz des Himmels erlosch, als liefe er von einem Hauche matt an, ein kühles Lüftchen hob sich und stieß gegen uns, über die Auen starrte ein unbeschreiblich seltsames, aber bleischweres Licht, über den Wäldern war mit dem Lichterspiele die Beweglichkeit verschwunden, und Ruhe lag auf ihnen, aber nicht die des Schlummers, sondern die der Ohnmacht – und immer fahler goss sich's über die Landschaft, und diese wurde immer starrer – die Schatten unserer Gestalten legten sich leer und inhaltslos gegen das Gemäuer, die Gesichter wurden aschgrau – erschütternd war dieses allmähliche Sterben mitten in der noch vor wenigen Minuten herrschenden Frische des Morgens.

Wir hatten uns das Eindämmern wie etwa ein Abendwerden vorgestellt, nur ohne Abendröte; wie geisterhaft ein Abendwerden ohne Abendröte sei, hatten wir uns nicht vorgestellt, aber auch außerdem war dies Dämmern ein ganz anderes, es war ein lastend unheimliches Entfremden unserer Natur; gegen Südost lag eine fremde, gelbrote Finsternis, und die Berge und selbst das Belvedere wurden von ihr eingetrunken – die Stadt sank zu unsern Füßen immer tiefer, wie ein wesenloses Schattenspiel hinab, das Fahren und Gehen und Reiten über die Brücke geschah, als sähe man es in einem schwarzen Spiegel – die Spannung stieg aufs Höchste – einen Blick tat ich noch in das Sternrohr, er war der letzte; so schmal wie mit der Schneide eines Federmessers in das Dunkel geritzt stand nur mehr die glühende Sichel da, jeden Augenblick zum Erlöschen, und wie ich das freie Auge hob, sah ich auch, dass bereits alle andern die Sonnengläser weggetan und bloßen Auges hinaufschauten – sie hatten auch keines mehr nötig; denn nicht anders als wie der letzte Funke eines erlöschenden Dochtes schmolz eben auch der letzte Sonnenfunken weg, wahrscheinlich durch die Schlucht zwi-

schen zwei Mondbergen zurück – es war ein überaus trauriger Augenblick – deckend stand nun Scheibe auf Scheibe – und dieser Moment war es eigentlich, der wahrhaft herzzermalmend wirkte – das hatte keiner geahnet – ein einstimmiges „Ah" aus aller Munde, und dann Totenstille, es war der Moment, da Gott redete und die Menschen horchten.
[…] Der Mond stand mitten in der Sonne, aber nicht mehr als schwarze Scheibe, sondern gleichsam halb transparent wie mit einem leichten Stahlschimmer überlaufen, rings um ihn kein Sonnenrand, sondern ein wundervoller, schöner Kreis von Schimmer, bläulich, rötlich, in Strahlen auseinander brechend, anders, als gösse die oben stehende Sonne ihre Lichtflut auf die Mondeskugel nieder, dass es rings auseinander spritzte – das Holdeste, was ich je an Lichtwirkung sah! […] Nie, nie werde ich jene zwei Minuten vergessen – es war die Ohnmacht eines Riesenkörpers, unserer Erde.

4. Zeigen Sie am Text die Bemühung Stifters, Genauigkeit der Naturbeobachtung mit der Darstellung seiner Empfindungen zu verbinden.
5. Vergleichen Sie Stifters wissenschaftliche Darstellung des Naturphänomens am Anfang des Texts (Z. 2–15) mit der Darstellung seines Erlebens (Z. 16–72).

Der am 8.9.1804 in Ludwigsburg geborene Eduard Mörike besuchte eine Lateinschule und wurde dann, nach zwei Jahren Tätigkeit als Redakteur, Pfarrer. Diese Tätigkeit erwies sich aber bald schon als unvereinbar mit Mörikes Drang zur Dichtkunst und mit seiner hypochondrischen Labilität. Er ließ sich vorzeitig pensionieren und nahm eine Stelle als Literaturlehrer und später als Hofrat und Professor an. Mörike starb am 4.6.1875 in Stuttgart.
Das folgende Gedicht gilt als eines seiner bekanntesten.

Eduard Mörike (1804–1875)

Um Mitternacht

Gelassen stieg die Nacht ans Land,
Lehnt träumend an der Berge Wand,
Ihr Auge sieht die goldne Waage nun
Der Zeit in gleichen Schalen stille ruhn;
Und kecker rauschen die Quellen hervor,
Sie singen der Mutter, der Nacht, ins Ohr
Vom Tage,
Vom heute gewesenen Tage.

Das uralt alte Schlummerlied,
Sie achtet's nicht, sie ist es müd;
Ihr klingt des Himmels Bläue süßer noch,
Der flüchtgen Stunden gleich geschwung'nes Joch.
Doch immer behalten die Quellen das Wort,
Es singen die Wasser im Schlafe noch fort
Vom Tage,
Vom heute gewesenen Tage.

6. Wie würden Sie Mörikes Gedicht vertonen? Was müsste bei einer solchen Vertonung zum Ausdruck kommen?
7. Versuchen Sie das Gedicht auf mehrere Stimmen zu verteilen. Wie viele Stimmen benötigen Sie? Wie müssen Sie diese Stimmen lesen (Lautstärke, Dynamik, Geschwindigkeit)? Halten Sie es im Sinne des Texts für möglich, einzelne Teile simultan zu lesen?
8. Schreiben Sie das Gedicht ab und erweitern Sie es zu einer Collage, die den Charakter des Textes zum Ausdruck bringt.

Ganz anders als bei Stifter und Mörike wird das Naturerlebnis in einer berühmten Ballade von Annette von Droste-Hülshoff dargestellt. Die Natur wird als Bedrohung empfunden und innere Bilder, Schreckgespinste der Fantasie, werden zu bedrohlichen Dämonen.
Das Reichsfreifräulein Annette von Droste-Hülshoff erlebte ihre Jugend in strenger Abgeschiedenheit und auch ihr späteres Leben blieb arm an Ereignissen. Die unverheiratete Dichterin lebte zurückgezogen und ordnete sich stets dem Willen ihrer Familie und der Pflicht ihres Adelsstandes unter.

In der Ballade befindet sich ein kleiner Junge auf dem Heimweg von der Schule …

A. von Droste-Hülshoff (1797–1848)

Der Knabe im Moor

① O schaurig ist's, übers Moor zu gehn,
Wenn es wimmelt vom Heiderauche,
Sich wie Phantome die Dünste drehn
Und die Ranke häkelt am Strauche,
Unter jedem Tritte ein Quellchen springt,
Wenn aus der Spalte es zischt und singt –
O schaurig ist's, übers Moor zu gehn,
Wenn das Röhricht knistert im Hauche!

② Fest hält die Fibel das zitternde Kind
Und rennt, als ob man es jage;
Hohl über die Fläche sauset der Wind –
Was raschelt drüben am Hage?
Das ist der gespenstige Gräberknecht,
Der dem Meister die besten Torfe verzecht;
Hu, hu, es bricht wie ein irres Rind!
Hinducket das Knäblein zage.

③ Vom Ufer starret Gestumpf hervor,
Unheimlich nicket die Föhre,
Der Knabe rennt, gespannt das Ohr,
Durch Riesenhalme wie Speere;
Und wie es rieselt und knittert darin!
Das ist die unselige Spinnerin,
Das ist die gebannte Spinnlenor',
Die den Haspel dreht im Geröhre!

④ Voran, voran! nur immer im Lauf,
Voran, als woll' es ihn holen;
Vor seinem Fuße brodelt es auf,
Es pfeift ihm unter den Sohlen
Wie eine gespenstige Melodei;
Das ist der Geigemann ungetreu,
Das ist der diebische Fiedler Knauf,
Der den Hochzeitheller gestohlen!

⑤ Da birst das Moor, ein Seufzer geht
Hervor aus der klaffenden Höhle;
Weh, weh, da ruft die verdammte Margret:
„Ho, ho, meine arme Seele!"
Der Knabe springt wie ein wundes Reh;
Wär nicht Schutzengel in seiner Näh,
Seine bleichenden Knöchelchen fände spät
Ein Gräber im Moorgeschwele.

⑥ Da mählich gründet der Boden sich,
Und drüben, neben der Weide,
Die Lampe flimmert so heimatlich,
Der Knabe steht an der Scheide.
Tief atmet er auf, zum Moor zurück
Noch immer wirft er den scheuen Blick:
Ja, im Geröhre war's fürchterlich,
O schaurig war's in der Heide!

9. Was erfahren wir über den Jungen?
10. Skizzieren Sie seine äußere und innere Wirklichkeit. Stellen Sie dar, wie die Fantasie des Jungen die Naturerscheinungen um ihn herum prägt.

Wir arme Leut ...

Georg Büchner (1813–1837)

Als Georg Büchner am 19. Februar 1837, nicht einmal 24 Jahre alt, an Typhus starb, hinterließ er ein schmales literarisches Werk von nur drei Dramen (von denen eines Fragment geblieben war) und einer Erzählung. Hinzu kommen noch wissenschaftliche und politische Veröffentlichungen. Der literarische Weltrang von Büchners Werken wurde erst gegen Ende des 19. Jahrhunderts von den Vertretern des Naturalismus erkannt – so sehr war seine Dichtung ihrer Zeit voraus.

Büchner wurde am 17. 10. 1813 als ältestes von sechs Kindern geboren. Er entstammte einer bedeutenden und wohlhabenden Arztfamilie, die 1816 nach Darmstadt zog, wo Georg 1831 das Abitur machte. Schon während seiner Schulzeit begegnete er dem freiheitlich-oppositionellen Gedankengut, das besonders in den sozial benachteiligten Gebieten Oberhessens auf fruchtbaren Boden fiel.

Der Familientradition entsprechend sollte auch Georg Arzt werden, und so begann er sein Studium an der renommierten Universität Straßburg. Dort lernte er auch Minna Jaeglé kennen, mit der er sich 1832 verlobte. Das aufgeschlossene elsässische Bürgertum, politische Emigranten und revolutionäre Geheimgesellschaften förderten Büchners Entwicklung zu einem politisch fortschrittlich denkenden, engagierten Menschen. Die hessischen Landesgesetze verlangten, dass er sein Studium in Gießen zu Ende führte, wohin er 1833 zog. Hier traf er nur „hohle Mittelmäßigkeit" an (Brief an M. Jaeglé, nach dem 10.3.1834) und eine Gesellschaftsordnung, in der „das arme Volk geduldig den Karren [schleppt], worauf die Fürsten ihre Affenkomödie spielen" (Brief an seinen Freund Stöber am 9.12.1833). Und im gleichen Brief schreibt er: „Ich bete jeden Abend zum Hanf und zu d. Laternen."

Schließlich gründete Büchner die „Gesellschaft der Menschenrechte" und verfasste zusammen mit dem Pfarrer Ludwig Weidig Mitte des Jahres 1844 die berühmte Flugschrift *Der hessische Landbote*. Ziel der Männer um Büchner, Weidig und Minnigerode war es, „die große Masse des Volkes" anzusprechen und für die Revolution zu gewinnen. Denunzianten brachten das Unternehmen zum Scheitern, Büchner wurde steckbrieflich gesucht und floh im März 1835 nach Straßburg. Um sich finanziell über Wasser zu halten, schrieb er das Drama *Dantons Tod,* arbeitete als Übersetzer, verfasste seine Promotionsschrift und formulierte eine Probevorlesung. All dies zehrte derart an seinen Kräften, dass er, der ohnehin zu Depression neigte, sich erschöpfte. Zwar schien es aufwärts zu gehen, als er im Herbst 1836 als Privatdozent in Zürich zu arbeiten begann, doch ein typhöses Fieber setzte seinem Leben schon bald ein Ende.

... ALS WÄR DIE WELT TOT – DIE HAUPTHANDLUNG

Georg Büchners letztes Werk, das Drama *Woyzeck,* blieb ein Fragment. Es existieren vier verschiedene Fassungen mit einer zum Teil unterschiedlichen Szenenfolge, sodass es keine abschließend „richtige" Fassung gibt – nicht einmal der Titel ist von Büchner. Gemeinsam ist allen Fassungen, dass das Drama offenbar als Reihung von Einzelszenen konzipiert ist. Die Gesamtanlage des Stücks ist parataktisch, die Einzelszenen folgen aufeinander, aber nicht auseinander. So besteht zwar ein Kontinuum in dem Sinne, dass die Gesamthandlung durch einzelne Szenen vorangetrieben wird, doch es gibt auch zahlreiche Szenen, die an ganz unterschiedlichen Stellen im Stück stehen könnten. Jede Einzelszene beleuchtet einen Aspekt des gesellschaftlichen Lebens nicht nur der Hauptper-

son, und schon aus den Teilen des Fragments geht ganz klar hervor, dass es nicht auf die Handlung als solche ankommt, sondern viel mehr auf die Hintergründe für die Handlung. Büchners Vorgehensweise beim Niederschreiben des Stücks lässt sich mit dem Erstellen eines Puzzles vergleichen: Zuerst entwarf er die Umrisse (Woyzecks Weg zum Mord an Marie), jedoch auch diese nicht lückenlos, dann verfasste er Szenengruppen und Einzelszenen, die die Begründung dafür liefern – in Form der psychologischen und sozialen Rahmenbedingungen des Geschehens.
Die folgende Szene wird meist als Eingangsszene angesehen:

FREIES FELD. DIE STADT IN DER FERNE

Woyzeck und Andres schneiden Stecken im Gebüsch.

WOYZECK: Ja, Andres; den Streif da über das Gras hin, da rollt abends der Kopf, es hob ihn einmal einer auf, er meint', es wär' ein Igel: drei Tag und drei Nächt, er lag auf den Hobelspänen* *leise:* Andres, das waren die Freimaurer, ich hab's, die Freimaurer♦, still!

ANDRES *singt:* Saßen dort zwei Hasen,
Fraßen ab das grüne, grüne Gras …

WOYZECK: Still! Es geht was!

ANDRES: Fraßen ab das grüne, grüne Gras …
Bis auf den grünen Rasen.

WOYZECK: Es geht hinter mir, unter mir *stampft auf den Boden* hohl, hörst du? Alles hohl da unten! Die Freimaurer!

ANDRES: Ich fürcht' mich.

WOYZECK: 's ist so kurios still. Man möcht den Atem halten. – Andres!

ANDRES: Was?

WOYZECK: Red was! *Starrt in die Gegend.* Andres, wie hell! Ein Feuer fährt um den Himmel und ein Getös herunter wie Posaunen. Wie's heraufzieht! Fort! Sieh nicht hinter dich. *Reißt ihn ins Gebüsch.*

ANDRES *nach einer Pause:* Woyzeck, hörst du's noch?

WOYZECK: Still, alles still, als wär' die Welt tot.

ANDRES: Hörst du? Sie trommeln drin. Wir müssen fort!

* Tote lagen damals auf Kissen, die mit H. gefüllt waren.
♦ Die Freimauerer waren ein internationaler, religionenübergreifender Geheimbund, der sich den „reinsittlichen Zwecken der Menschenliebe, Duldung und Geselligkeit“ widmete und der im Zuge der Aufklärung bedeutsam wurde. Hinter dem Geheimnisvollen der Freimaurer sahen viele eine Bedrohung; man glaubte z. B. an unterirdische Räume als Versammlungsorte.

1. Analysieren Sie den Text und erarbeiten Sie die innere und äußere Situation Woyzecks.
2. Welche expositorischen Elemente erkennen Sie in dieser Szene?
3. Wie sollte Ihrer Ansicht nach die Rolle des Woyzeck in dieser Szene gespielt werden, wie diejenige des Andres?

Die Trommeln, die am Schluss der obigen Szene zu hören sind, werden anlässlich eines Zapfenstreichs geschlagen, auf dem Marie, Woyzecks schöne Geliebte, zum ersten Mal den stattlichen Tambourmajor* sieht. Auch er ist von ihr sehr beeindruckt und versucht sich mit kleinen Geschenken bei ihr einzuschmeicheln, wie in der folgenden Szene in ihrer Kammer deutlich wird. Bei einem späteren Zusammentreffen gibt sie sich ihm dann hin.

* Leiter eines Spielmannszuges. Der Titel hat nichts mit einem Major im herkömmlichen Sinne zu tun. Ein T. stand im Rang kaum höher als der normale Soldat Woyzeck und war lediglich zu Repräsentationszwecken stark herausgeputzt.

MARIE SITZT, IHR KIND AUF DEM SCHOSS, EIN STÜCKCHEN SPIEGEL IN DER HAND

MARIE *bespiegelt sich.* Was die Steine glänze! Was sind's für? Was hat er gesagt? – Schlaf, Bub! Drück die Augen zu, fest, *das Kind versteckt die Augen hinter den Händen* noch fester! Bleib so, still, oder er holt dich.

Singt: Mädel, mach's Ladel zu,
's kommt e Zigeunerbu,
führt dich an deiner Hand
fort ins Zigeunerland.

Spiegelt sich wieder. 's ist gewiss Gold! Unsereins hat nur ein Eckchen in der Welt und ein Stückchen Spiegel, und doch hab' ich einen so roten Mund als die großen Madamen mit ihren Spiegeln von oben bis unten und ihren schönen Herrn, die ihnen die Händ küssen. Ich bin nur ein arm Weibsbild. – *Das Kind richtet sich auf.* Still, Bub, die Augen zu! Das Schlafengelchen! Wie's an der Wand läuft, *sie blinkt ihm mit dem Glas* die Auge zu, oder es sieht dir hinein, dass du blind wirst.

Woyzeck tritt herein, hinter sie.

Sie fährt auf, mit den Händen nach den Ohren.

WOYZECK: Was hast du?

MARIE: Nix.

WOYZECK: Unter deinen Fingern glänzt's ja.

MARIE: Ein Ohrringlein; hab's gefunden.

WOYZECK: Ich hab' so noch nix gefunden. Zwei auf einmal!

MARIE: Bin ich ein Mensch*?

WOYZECK: 's ist gut, Marie. – Was der Bub schläft! Greif ihm unters Ärmchen, der Stuhl drückt ihn. Die hellen Tropfen steh'n ihm auf der Stirn; alles Arbeit unter der Sonn, sogar Schweiß im Schlaf. Wir arme Leut! Da ist wieder Geld, Marie; die Löhnung und was von mein'm Hauptmann.

MARIE: Gott vergelt's, Franz.

WOYZECK: Ich muss fort. Heut Abend, Marie! Adies!

MARIE *allein, nach einer Pause:* Ich bin doch ein schlecht Mensch! Ich könnt' mich erstechen. – Ach! Was Welt! Geht doch alles zum Teufel, Mann und Weib!

* abwertender Ausdruck für weibliche Person niederen Standes, zum Teil auch als Synonym für Prostituierte gebraucht

4. Schreiben Sie den Dialog zwischen Marie und Woyzeck in Form einer Partitur. Sinn dieser Aufgabe ist es, auch für diejenige dramatische Figur Regieanweisungen zu entwerfen, die gerade nicht spricht. Dies könnte folgendermaßen aussehen:

Woyzeck	Text	Was hast du?	----------	Unter deinen Fingern glänzt's ja.	----------
	Haltung				
	Mimik				
	Sprache				
Marie	Text	-----------	Nix.	----------	Ein Ohrringlein; hab's gefunden.
	Haltung				
	Mimik				
	Sprache				

Übertragen Sie die Tabelle auf einige aneinander geklebte DIN-A-4-Blätter und füllen Sie – eventuell in Gruppenarbeit – die hier eingefärbten Lücken aus. Vergleichen Sie anschließend und erörtern Sie die Unterschiede.

5. Wie würden Sie die Kulissen stellen? Welche Requisiten sind notwendig?
6. Erproben Sie einige Versionen im szenischen Lesen oder im szenischen Spiel.

Woyzeck geht einem Hinweis auf die Untreue seiner Geliebten nach und entdeckt sie schließlich beim Tanz mit dem Tambourmajor.

WIRTSHAUS

Die Fenster offen, Tanz. Bänke vor dem Haus. Bursche.

ERSTER HANDWERKSBURSCH:

Ich hab ein Hemdlein an das ist nicht mein,
Meine Seele stinkt nach Branndewein ...

ZWEITER HANDWERKSBURSCH: Bruder, soll ich dir aus Freundschaft ein Loch in die Natur machen? Vorwärts! Ich will ein Loch in die Natur machen. Ich bin auch ein Kerl, du weißt, ich will ihm alle Flöh am Leib totschlagen.

ERSTER HANDWERKSBURSCH: Meine Seele, mei Seele stinkt nach Branndewein. Selbst das Geld geht in Verwesung über. Vergissmeinich! Wie ist diese Welt so schön. Bruder, ich muss ein Regenfass voll greinen. Ich wollt unse Nase wärn zwei Bouteille und wir könnte sie uns einander in de Hals gießen.

ANDRE *im Chor:*

Ein Jäger aus der Pfalz
Ritt einst durch ein grünen Wald
Halli, halloh, gar lustig ist die Jägerei
Allhier auf grüner Heid.
Das Jagen ist mei Freud.

Woyzeck stellt sich ans Fenster. Marie und der Tambourmajor tanzen vorbei, ohne ihn zu bemerken.

MARIE *im Vorbeitanzen:* Immer zu, immer zu.

WOYZECK *erstickt:* Immer zu! – immer zu! *fährt heftig auf und sinkt zurück auf die Bank* immer zu immer zu, *schlägt die Hände ineinander* dreht euch, wälzt euch. Warum bläst Gott nicht die Sonn aus, dass Alles in Unzucht sich übernander wälzt, Mann und Weib, Mensch und Vieh. Tut's am hellen Tag, tut's einem auf den Händen, wie die Mücken. – Weib. – Das Weib ist heiß, heiß! – Immer zu, immer zu. *Fährt auf.* Der Kerl! Wie er an ihr herumtappt, an ihrem Leib, er, er hat sie wie ich zu Anfang!

ERSTER HANDWERKSBURSCH *predigt auf dem Tisch:* Jedoch wenn ein Wandrer, der gelehnt steht an dem Strom der Zeit oder aber sich die göttliche Weisheit beantwortet und sich anredet. Warum ist der Mensch? Warum ist der Mensch? – Aber wahrlich ich sage euch, von was hätte der Landmann, der Weißbinder, der Schuster, der Arzt leben sollen, wenn Gott den Menschen nicht geschaffen hätte? Von was hätte der Schneider leben sollen, wenn Er dem Menschen nicht die Empfindung der Scham eingepflanzt, von was der Soldat, wenn Er ihn nicht mit dem Bedürfnis sich totzuschlagen ausgerüstet hätte? Darum zweifelt nicht, ja ja, es ist lieblich und fein, aber alles Irdische ist eitel, selbst das Geld geht in Verwesung über. [...]

FREIES FELD

WOYZECK: Immer zu! immer zu! Still Musik! *Reckt sich gegen den Boden.* Ha was, was sagt ihr? Lauter, lauter, – stich, stich die Zickwolfin tot? stich, stich die Zickwolfin tot. Soll ich? Muss ich? Hör ich's da auch, sagt's der Wind auch? Hör ich's immer, immer zu, stich tot, tot.

7. Analysieren Sie Woyzecks Sprache. Welche Rückschlüsse auf seine innere Verfassung lassen sich daraus ziehen?
8. In Büchners letzter Fassung des Dramas kommen die Szenen „Wirtshaus" und „Freies Feld" direkt nacheinander. Sehen Sie eine Begründung?
9. Analysieren Sie die „Predigt" des Handwerksburschen; denken Sie auch an Büchners Grundposition, wie sie in seiner Probevorlesung *Über Schädelnerven** zum Ausdruck kommt.

* vgl. S. 18

KASERNE

Andres. Woyzeck kramt in seinen Sachen.

* ein Unterhemd; es gehört nicht zur
◆ Ausstattung eines Soldaten, sondern ist W.s Privateigentum

WOYZECK: Das Kamisolche*, Andres, ist nit zur Montur◆: du kannst's brauche Andres. Das Kreuz is meiner Schwester und das Ringlein, ich hab' auch noch ein Heiligen, zwei Herze und schön Gold, es lag in meiner Mutter Bibel, und da steht:

Leiden sei all mein Gewinst,
Leiden sei mein Gottesdienst.
Herr, wie dein Leib war rot und wund,
so lass mein Herz sein aller Stund.

Mei Mutter fühlt nur noch, wenn ihr die Sonn auf die Händ scheint. Das tut nix.

ANDRES *ganz starr, sagt zu allem:* Ja wohl.

WOYZECK *zieht ein Papier hervor:* Friedrich Johann Franz Woyzeck, Wehrmann, Füsilier im 2. Regiment, 2. Bataillon, 4. Compagnie, geboren Mariä Verkündigung, ich bin heut alt 30 Jahr, 7 Monat und 12 Tage.

ANDRES: Franz, du kommst ins Lazarett. Armer, du musst Schnaps trinke und Pulver drin, das tödt das Fieber.

* vgl. die Anm. auf S. 29

WOYZECK: Ja, Andres, wann der Schreiner die Hobelspän* sammlet, es weiß niemand, wer seinen Kopf drauf lege wird.

10. Welche Grundstimmung Woyzecks muss durch die Inszenierung zum Ausdruck kommen: Aggression, Melancholie, Trauer, Hoffnung, Zuversicht, Wut, Sachlichkeit, Teilnahmslosigkeit – oder eine ganz andere?

11. Erläutern Sie das Verhalten von Andres. Was könnte in ihm vorgehen?

STRASSE

Marie mit Mädchen vor der Haustür, Großmutter; später Woyzeck.

MÄDCHEN:

Wie scheint die Sonn am Lichtmesstag
und steht das Korn im Blühn.
Sie gingen wohl die Wiese hin,
sie gingen zu zwein und zwein.
Die Pfeifer gingen voran,
die Geiger hinterdrein,
sie hatten rote Socken an …

ERSTES KIND: Das ist nit schön.

ZWEITES KIND: Was willst du auch immer!

ERSTES KIND: Marie, sing du uns!

MARIE: Ich kann nit.

ERSTES KIND: Warum?

MARIE: Darum.

ZWEITES KIND: Aber warum darum?

DRITTES KIND: Großmutter, erzähl!

* Vogel, der Insekten und Kleinsäuger fängt und diese auf Dornen aufspießt

◆ regionaler Ausdruck für Nachttopf

GROSSMUTTER: Kommt, ihr kleinen Krabben! – Es war einmal ein arm Kind und hatt' kein Vater und keine Mutter, war alles tot, und war niemand mehr auf der Welt. Alles tot, und es is hingangen und hat gesucht Tag und Nacht. Und weil auf der Erde niemand mehr war, wollt's in Himmel gehn, und der Mond guckt es so freundlich an; und wie es endlich zum Mond kam, war's ein Stück faul Holz. Und da is es zur Sonn gangen, und wie es zur Sonn kam, war's ein verwelkt Sonneblum. Und wie's zu den Sternen kam, waren's kleine goldne Mücken, die waren angesteckt, wie der Neuntöter* sie auf die Schlehen steckt. Und wie's wieder auf die Erde wollt, war die Erde ein umgestürzter Hafen◆. Und es war ganz allein. Und da hat sich's hingesetzt und geweint, und da sitzt es noch und is ganz allein.

WOYZECK *erscheint:* Marie!

MARIE *erschreckt:* Was is?

WOYZECK: Marie, wir wollen gehn. 's is Zeit.

MARIE: Wohin?

WOYZECK: Weiß ich's?

12. Vergleichen Sie das Märchen der Großmutter mit den Ihnen sicher bekannten Märchen *Die Sterntaler* und *Die sieben Raben.* Welche Elemente der beiden Märchen werden jeweils entnommen? – Begründen Sie.
13. Welche Funktion hat das Märchen wohl innerhalb der Szene und innerhalb der Dramenhandlung als Ganzer? – Machen Sie sich stichwortartig Notizen.

Das Märchen der Großmutter aus Büchners *Woyzeck* gehört zu den bekanntesten Texten der deutschen Literatur. Dementsprechend gibt es auch zahlreiche Deutungen, da runter die beiden folgenden:

1. Kommentar:

Der unmittelbare textliche Bezug besteht nun darin, das Schicksal des Kindes vorherzusagen, das nach dem Mord von den Eltern verlassen sein wird. Gleichzeitig beschreibt das Märchen aber auch die Situation Woyzecks, der seine Isolation durch den Mord noch verschärft.

Als Allegorie der Einsamkeit spiegelt das Märchen die Grundsituation aller Personen im Drama wider: Alle sind einsam, da es keine positiven menschlichen Beziehungen (mehr) gibt. Aller Glanz ist, wie die Sonne des Märchens, nur Schein und verdeckt nur die Verwesung.

2. Kommentar:

Die Welt, in der die Menschen sich gegenseitig wertlos sind und nur durch die Gegenstände aufeinander bezogen, deren Erwerb wiederum sich das Leben unterordnet – eine solche Welt ist letzten Endes eine Ruine, in der das Individuum verlassen, als lebender Leichnam, umherirrt; diese Welt, in der alles in Verwesung übergeht, alles „eitel" und wertlos ist, diese Entwertung im kosmischen Maßstab als Sinnbild der menschlichen Situation wird im Märchen der Großmutter dargestellt. [...]

Dies ist in der Tat die radikalste Zerstörung des Kosmos: Statt des Alls aufeinander bezogener Körper enthüllt sich das Weltall als ein Sammelsurium von Gegenständen, die in absurder Beziehungslosigkeit im leeren Raum umherschwimmen und denen keinerlei Bedeutung abgenötigt werden kann außer der, den vollkommenen Unwert zu demonstrieren: Zerfallendes, Totes, Verwesendes, Exkremente – eine Welt im Zustand der Auflösung; [...].

Wir werden sehen, dass dieses Märchen die Situation Woyzecks korrekt wiedergibt: die vollkommene Abwesenheit von Kommunikation, die Verweigerung einer positiven Beziehung zur Umwelt und einer aktiven Beziehung zur Gesellschaft.

14. Diskutieren Sie die Aussagen der beiden Literaturwissenschaftler: Was ist unklar, nicht einsichtig, was ist dagegen von zentraler Bedeutung? – Machen Sie sich Randnotizen.
15. Erarbeiten Sie aus den Texten und Ihren eigenen Notizen eine zusammenhängende Deutung und belegen Sie sie am Text.
16. Wie stellen Sie sich rein bühnentechnisch den Übergang zwischen der vorausgehenden und der folgenden Szene („Waldsaum am Teich") vor?

WALDSAUM AM TEICH

Marie und Woyzeck.

MARIE: Also dort hinaus is die Stadt. 's is finster.

WOYZECK: Du sollst noch bleiben. Komm, setz dich!

MARIE: Aber ich muss fort.

WOYZECK: Du wirst dir die Füße nit wund laufe.

MARIE: Wie bist du nur auch!

WOYZECK: Weißt du auch, wie lang es jetzt is, Marie?

MARIE: Am Pfingsten zwei Jahr.

WOYZECK: Weißt du auch, wie lang es noch sein wird?

MARIE: Ich muss fort, das Nachtessen richten.

WOYZECK: Friert's dich, Marie? Und doch bist du warm. Was du heiße Lippen hast! Heiß, heißen Hurenatem! Und doch möcht' ich den Himmel geben, sie noch einmal zu küssen. – Friert's dich? Wenn man kalt is, so friert man nicht mehr. Du wirst vom Morgentau nicht frieren.

MARIE: Was sagst du?

WOYZECK: Nix.

Schweigen.

MARIE: Was der Mond rot aufgeht!

WOYZECK: Wie ein blutig Eisen.

MARIE: Was hast du vor, Franz, du bist so blass. – *Er holt mit dem Messer aus.* – Franz halt ein! Um des Himmels willen, Hilfe, Hilfe!

WOYZECK *sticht drauflos:* Nimm das und das! Kannst du nicht sterben? So! So! – Ha, sie zuckt noch; noch nicht? Noch nicht? Immer noch. – *Stößt nochmals zu.* – Bist du tot! Tot! Tot! – *Er lässt das Messer fallen und läuft weg.*

17. Die Szene soll textnah verfilmt werden: Geben Sie Anweisungen zur Kameraeinstellung (Detailaufnahme, Totale usw.) und Kameraführung (Perspektive usw.). Wie beeinflussen derartige Aspekte die Interpretation?
18. Der Schluss des Dramas ist nicht überliefert. Welche Möglichkeiten würden Sie in Betracht ziehen? – Grenzen Sie einige gegeneinander ab und setzen Sie sie in Bezug zu einer möglichen Aussageabsicht des Dichters.
19. Verfassen Sie zu jeder einzelnen Szene eine inhaltlich ausgerichtete Überschrift, die ihren Zusammenhang im Gang der Handlung kennzeichnet.

SUBJEKT WOYZECK – DIE ERWEITERUNGSSZENEN

In der letzten Fassung des Dramas finden sich zwei neue Szenen, die Büchner offenbar für notwendig hielt, obwohl sie nur wenig Bezug zur eigentlichen Handlung haben. Dennoch sind die Szenen „Beim Doktor" und „Beim Hauptmann" von zentraler Bedeutung, denn sie geben einen Einblick in Woyzecks Umfeld und die sozialen und psychologischen Hintergründe seiner Handlungsweise.

BEIM DOKTOR

Woyzeck. Der Doktor.

DOKTOR: Was erleb' ich, Woyzeck? Ein Mann von Wort!

WOYZECK: Was denn, Herr Doktor?

DOKTOR: Ich hab's gesehn, Woyzeck; er hat auf die Straß gepisst, an die Wand gepisst, wie ein Hund. – Und doch drei Groschen täglich und die Kost! Woyzeck, das ist schlecht; die Welt wird schlecht, sehr schlecht!

WOYZECK: Aber, Herr Doktor, wenn einem die Natur kommt.

DOKTOR: Die Natur kommt, die Natur kommt! Die Natur! Hab' ich nicht nachgewiesen, dass der Musculus constrictor vesicae dem Willen unterworfen ist? Die Natur! Woyzeck, der Mensch ist frei, in dem Menschen verklärt sich die Individualität zur Freiheit. – Den Harn nicht halten können! *Schüttelt den Kopf, legt die Hände auf den Rücken und geht auf und ab.* Hat Er schon seine Erbsen* gegessen, Woyzeck? Nichts als Erbsen, cruciferae, merk Er sich's! Es gibt eine Revolution in der Wissenschaft, ich sprenge sie in die Luft. Harnstoff 0,10, salzsaures Ammonium, Hyperoxydul – Woyzeck, muss Er nicht wieder pissen? Geh Er einmal hinein und probier Er's!

WOYZECK: Ich kann nit, Herr Doktor.

DOKTOR *mit Affekt:* Aber an die Wand pissen! Ich hab's schriftlich, den Akkord in der Hand! – Ich hab's gesehen, mit diesen Augen gesehen; ich steckt' grade die Nase zum Fenster hinaus und ließ die Sonnenstrahlen hineinfallen, um das Niesen zu beobachten. *Tritt auf ihn los:* Nein, Woyzeck, ich ärgre mich nicht; Ärger ist ungesund, ist unwissenschaftlich. Ich bin ruhig, ganz ruhig; mein Puls hat seine gewöhnlichen sechzig, und ich sag's Ihm mit der größten Kaltblütigkeit. Behüte, wer wird sich über einen Menschen ärgern, ein' Mensch! Wenn es noch ein Proteus* wäre, der einem krepiert! Aber, Woyzeck, Er hätte nicht an die Wand pissen sollen –

WOYZECK: Sehn Sie, Herr Doktor, manchmal hat einer so 'en Charakter, so 'ne Struktur. – Aber mit der Natur ist's was anders, sehn Sie; mit der Natur *er kracht mit den Fingern* das is so was, wie soll ich sagen, zum Beispiel ...

DOKTOR: Woyzeck, Er philosophiert wieder.

WOYZECK *vertraulich:* Herr Doktor, haben Sie schon was von der doppelten Natur gesehn? Wenn die Sonn in Mittag steht und es ist, als ging' die Welt in Feuer auf, hat schon eine fürchterliche Stimme zu mir geredt!

DOKTOR: Woyzeck, Er hat eine Aberratio*.

WOYZECK *legt den Finger auf die Nase.* Die Schwämme, Herr Doktor, da, da steckt's. Haben Sie schon gesehn, in was für Figuren die Schwämme auf dem Boden wachsen? Wer das lesen könnt!

DOKTOR: Woyzeck, Er hat die schönste Aberratio mentalis partialis*, die zweite Spezies, sehr schön ausgeprägt. Woyzeck, Er kriegt Zulage! Zweite Spezies: fixe Idee mit allgemein vernünftigem Zustand. – Er tut noch alles wie sonst? Rasiert seinen Hauptmann?

WOYZECK: Ja wohl.

DOKTOR: Isst seine Erbsen?

WOYZECK: Immer ordentlich, Herr Doktor. Das Geld für die Menage kriegt meine Frau.

DOKTOR: Tut seinen Dienst?

WOYZECK: Ja wohl.

DOKTOR: Er ist ein interessanter Kasus. Subjekt Woyzeck, Er kriegt Zulage, halt Er sich brav. Zeig Er seinen Puls. Ja.

* Ernährungsphysiologische Versuche waren zu Büchners Zeit recht häufig – gerade auch Menschenversuche, die herausfinden sollten, wann ein Mensch bei zu einseitiger Ernährung krank wird und welche (billigeren) Ersatzlebensmittel es beispielsweise für Fleisch gibt. Dahinter steckten selbstverständlich wirtschaftliche Interessen, z. B. hinsichtlich der Ernährung von Soldaten.

* Eidechse, Olm als Versuchstier

* Wahnvorstellung, fixe Idee

* partielle Geistesgestörtheit

1. Fassen Sie die Szene in eigenen Worten zusammen.
2. Analysieren Sie die Diagnose des Doktors. Inwiefern hat er Woyzecks Erkrankung bewusst in Kauf genommen?

Zusätzliche Regieanweisungen:

BEIM HAUPTMANN

Hauptmann auf dem Stuhl, Woyzeck rasiert ihn.

HAUPTMANN: Langsam, Woyzeck, langsam; ein's nach dem andern. Er macht mir ganz schwindlig. Was soll ich dann mit den 10 Minuten anfangen, die Er heut zu früh fertig wird? Woyzeck, bedenk Er, Er hat noch seine schönen dreißig Jahr zu leben, dreißig Jahr! Macht dreihundertsechzig Monate, und Tage, Stunden, Minuten! Was will Er denn mit der ungeheuren Zeit all anfangen? Teil Er sich ein, Woyzeck!

WOYZECK: Ja wohl, Herr Hauptmann.

HAUPTMANN: Es wird mir ganz angst um die Welt, wenn ich an die Ewigkeit denke. Beschäftigung, Woyzeck, Beschäftigung! Ewig das ist ewig, das ist ewig, das siehst du ein; nur ist es aber wieder nicht ewig, und das ist ein Augenblick, ja ein Augenblick – Woyzeck, es schaudert mich, wenn ich denke, dass sich die Welt in einem Tag herumdreht. Was 'ne Zeitverschwendung! Wo soll das hinaus? Woyzeck, ich kann kein Mühlrad mehr sehen, oder ich werd melancholisch.

WOYZECK: Ja wohl, Herr Hauptmann.

HAUPTMANN: Woyzeck, Er sieht immer so verhetzt aus! Ein guter Mensch tut das nicht, ein guter Mensch, der sein gutes Gewissen hat. – Red Er doch was, Woyzeck! Was ist heut für Wetter?

WOYZECK: Schlimm, Herr Hauptmann, schlimm; Wind!

HAUPTMANN: Ich spür's schon. 's ist so was Geschwindes draußen: So ein Wind macht mir den Effekt wie eine Maus. *Pfiffig:* Ich glaub', wir haben so was aus Süd-Nord?

WOYZECK: Ja wohl, Herr Hauptmann.

HAUPTMANN: Ha! ha! ha! Süd-Nord! Ha! ha! ha! Oh, Er ist dumm, ganz abscheulich dumm! *Gerührt:* Woyzeck, Er ist ein guter Mensch – aber *mit Würde:* Woyzeck, Er hat keine Moral! Moral, das ist, wenn man moralisch ist, versteht Er. Es ist ein gutes Wort. Er hat ein Kind ohne den Segen der Kirche, wie unser hochehrwürdiger Herr Garnisonsprediger sagt, ohne den Segen der Kirche, es ist nicht von mir.

WOYZECK: Herr Hauptmann, der liebe Gott wird den armen Wurm nicht drum ansehen, ob das Amen drüber gesagt ist, eh' er gemacht wurde. Der Herr sprach: Lasset die Kindlein zu mir kommen.

HAUPTMANN: Was sagt Er da? Was ist das für 'ne kuriose Antwort? Er macht mich ganz konfus mit seiner Antwort. Wenn ich sag: Er, so mein ich Ihn, Ihn.

WOYZECK: Wir arme Leut – Sehn Sie, Herr Hauptmann, Geld, Geld! Wer kein Geld hat. Da setz einmal einer seinsgleichen auf die Moral in der Welt!* Man hat auch sein Fleisch und Blut. Unsereins ist doch einmal unselig in der und der andern Welt. Ich glaub' wenn wir in Himmel kämen, so müssten wir donnern helfen.

HAUPTMANN: Woyzeck, Er hat keine Tugend! Er ist kein tugendhafter Mensch! Fleisch und Blut? Wenn ich am Fenster lieg, wenn's geregnet hat, und den weißen Strümpfen nachsehe, wie sie über die Gassen springen, – verdammt, Woyzeck, – da kommt mir

* Bedeutung vermutlich: ... auf die moralische Art und Weise in die Welt (nämlich ehelich)

die Liebe! Ich hab auch Fleisch und Blut. Aber Woyzeck, die Tugend! Die Tugend! Wie sollte ich dann die Zeit herumbringen? Ich sag' mir immer: Du bist ein tugendhafter Mensch, *gerührt* ein guter Mensch, ein guter Mensch.

WOYZECK: Ja, Herr Hauptmann, die Tugend! Ich hab's noch nicht so aus. Sehn Sie, wir gemeine Leut, das hat keine Tugend, es kommt einem nur so die Natur, aber wenn ich ein Herr wär und hätt ein' Hut und eine Uhr und eine anglaise* und könn' vornehm reden, ich wollt schon tugendhaft sein. Es muss was Schöns sein um die Tugend, Herr Hauptmann. Aber ich bin ein armer Kerl!

HAUPTMANN: Gut, Woyzeck. Du bist ein guter Mensch, ein guter Mensch. Aber du denkst zu viel, das zehrt, du siehst immer so verhetzt aus. Der Diskurs hat mich ganz angegriffen. Geh' jetzt und renn nicht so; langsam hübsch langsam die Straße hinunter.

* festliche Bekleidung für Männer; dunkler Gehrock mit Schößen

3. Bereiten Sie die Szene für eine Inszenierung vor, indem Sie genaue Regieanweisungen schreiben. Beachten Sie dabei insbesondere Büchners Darstellung der beiden Personen. Wie müssten die Schauspieler sie gestisch und mimisch darstellen? – Erproben Sie einige Versionen in szenischem Spiel.
4. Analysieren Sie das Gespräch über die Tugend. Welche verschiedenen Standpunkte werden deutlich? – Formulieren Sie beide Standpunkte möglichst knapp.
5. Verfassen Sie einen Dialog zwischen Hauptmann und Doktor. Die beiden sprechen über Woyzeck ...
6. An welcher Stelle des Dramas würden Sie die beiden Szenen jeweils platzieren? Welche Funktion kommt ihnen für das Drama zu?
7. Einige Ausgaben des Dramas beginnen mit der Szene „Beim Hauptmann". Was spricht dafür, was dagegen?
8. Wenden Sie Büchners Aussagen über den Idealismus (vgl. S. 17) auf seinen Woyzeck an. Welche Position stellt er dem Idealismus entgegen?
9. Inwiefern ist es berechtigt, von Büchner als dem Begründer des modernen Theaters zu reden?

ICH VERACHTE NIEMANDEN – BRIEFE BÜCHNERS

Büchners Briefe können als Schlüssel für sein Werk angesehen werden, denn dort finden sich all jene Themenfelder, um die es auch in seinen Dichtungen geht. Dennoch ist Vorsicht geboten, denn sie sind vielschichtig und entspringen manchmal nur einer momentanen Gefühlslage Büchners, die nicht repräsentativ ist für seine Grundeinstellung.

An die Familie — Gießen, im Februar 1834

Ich verachte niemanden, am wenigsten wegen seines Verstandes oder seiner Bildung, weil es in niemands Gewalt liegt, kein Dummkopf oder kein Verbrecher zu werden – weil wir durch gleiche Umstände wohl alle gleich würden und weil die Umstände außer uns liegen. Der Verstand nun gar ist nur eine sehr geringe Seite unsers geistigen Wesens und die Bildung nur eine sehr zufällige Form desselben. Wer mir eine solche Verachtung vorwirft, behauptet, dass ich einen Menschen mit Füßen träte, weil er einen schlechten Rock anhätte. Man nennt mich einen Spötter. Es ist wahr, ich lache oft; aber ich lache nicht darüber, wie jemand ein Mensch, sondern nur darüber, dass er ein Mensch ist; wofür er ohnehin nichts kann, und lache dabei über mich selbst, der ich sein Schicksal teile. Die Leute nennen das Spott, sie vertragen es nicht, dass man sich als Narr produziert und sie duzt; sie sind Verächter, Spötter und Hochmütige, weil sie die Narrheit nur außer sich suchen. Ich habe freilich noch eine Art von Spott, es ist aber nicht der der Verachtung, sondern der des Hasses. Der Hass ist so gut erlaubt als die Liebe, und ich hege ihn im vollsten Maße gegen die, welche verachten. Es ist deren eine große Zahl, die, im Besitz einer lächerlichen Äußerlichkeit, die man Bildung, oder eines toten Krams, den man Gelehrsamkeit heißt, die große Masse ihrer Brüder ihrem verachtenden Egoismus opfern.

An die Familie Straßburg, 1.1.1836

Ich komme vom Christkindelsmarkt: überall Haufen zerlumpter, frierender Kinder, die mit aufgerissenen Augen und traurigen Gesichtern vor den Herrlichkeiten aus Wasser und Mehl, Dreck und Goldpapier standen. Der Gedanke, dass für die meisten Menschen auch die armseligsten Genüsse und Freuden unerreichbare Kostbarkeiten sind, machte mich sehr bitter.

1. Inwieweit könnten diese beiden Briefe zum besseren Verständnis der Szenen mit dem Doktor und dem Hauptmann beitragen? Kann man aus ihnen einen Grund dafür ableiten, dass Büchner die Szenen überhaupt verfasste?
2. Welche Absichten Büchners, die er mit dem Drama allgemein verfolgte, ließen sich aus den Texten ableiten?
3. E „Wir würden durch gleiche Umstände wohl alle gleich und die Umstände liegen außer uns."
   Erläutern Sie diesen – leicht veränderten – Satz Büchners und erörtern Sie ihn.

An die Braut Gießen, nach dem 1. März 1834

[…] Ich studierte die Geschichte der Revolution. Ich fühlte mich wie zernichtet unter dem grässlichen Fatalismus der Geschichte. Ich finde in der Menschennatur eine entsetzliche Gleichheit, in den menschlichen Verhältnissen eine unabwendbare Gewalt, allen und keinem verliehen. Der Einzelne nur Schaum auf der Welle, die Größe ein bloßer Zufall, die Herrschaft des Genies ein Puppenspiel, ein lächerliches Ringen gegen ein ehernes Gesetz, es zu erkennen das Höchste, es zu beherrschen unmöglich. Es fällt mir nicht mehr ein, vor den Paradegäulen und Eckstehern der Geschichte mich zu bücken. Ich gewöhnte mein Auge ans Blut. Aber ich bin kein Guillotinenmesser. Das *muss* ist eins von den Verdammungsworten, womit der Mensch getauft worden. Der Ausspruch: Es muss ja Ärgernis kommen, aber wehe dem, durch den es kommt, – ist schauderhaft. Was ist das, was in uns lügt, mordet, stiehlt? Ich mag dem Gedanken nicht weiter nachgehen. […]

4. E „Was ist das, was in uns lügt, mordet, stiehlt?" – Können Sie diese für das Drama zentrale Frage im Sinne Büchners beantworten?
5. Inwieweit ist die Frage außer auf Woyzeck auch auf andere Figuren des Stücks anwendbar?
6. E Wie würden Sie die Frage heute beantworten?

Zum Thema Recht und Gesetz finden sich in Büchners Briefen ganz bemerkenswerte Zeilen:

An die Familie 5.4.1833

[…] Was nennt Ihr denn *gesetzlichen Zustand?* Ein Gesetz, das die große Masse der Staatsbürger zum fronenden Vieh macht, um die unnatürlichen Bedürfnisse einer unbedeutenden und verdorbenen Minderzahl zu befriedigen? Und dies Gesetz, unterstützt durch eine rohe Militärgewalt und durch die dumme Pfiffigkeit seiner Agenten, dies Gesetz ist eine *ewige, rohe Gewalt,* angetan dem Recht und der gesunden Vernunft, und ich werde mit *Mund* und *Hand* dagegen kämpfen, wo ich kann. [Hervorhebungen von Büchner]

7. E Erörtern Sie, ob bzw. wann die Auflehnung gegen Recht und Gesetz berechtigt ist.
8. Können Sie aus Büchners Briefen an seine Familie deren Einstellung zu Büchner ableiten?

DER HISTORISCHE WOYZECK

Büchners Drama beruht auf einer wahren Begebenheit:
Man schreibt den 21. Juni 1821. Der arbeitslose Friseur und entlassene Stadtsoldat Christian Woyzeck, 41 Jahre alt, ersticht in einem Hausflur in der Sandgasse in Leipzig die 46-jährige Christiane Woost, seine zeitweilige Geliebte. Mit einer abgebrochenen Degenklinge bringt er ihr sieben Wunden bei. Was vordergründig wie ein Eifersuchtsdrama aussah, denn das Opfer hatte seinen Mörder des Öfteren gedemütigt und hintergangen, entpuppte sich als einer der umstrittensten Justizfälle des Jahrhunderts. Es ging nämlich bald schon um die Frage nach der Zurechnungsfähigkeit des Täters und um die Kriterien, diese zu beurteilen.
Mit dem psychologischen Gutachten betraut wurde der Medizinalrat Clarus, der in den Jahren 1821 und 1823 zwei psychiatrische Gutachten erstellte, die den Täter letztendlich als zurechnungsfähig erklärten. Das Gericht fällte auf Grund des zweiten Gutachtens das Todesurteil und Woyzeck wurde am 27. August 1824 auf dem Marktplatz in Leipzig geköpft. Etwa 5000 Zuschauer wohnten dem Spektakel bei, und ein Augenzeuge vermerkt, „dass vormittags keine Schule war, versteht sich".

Die Sandgasse in Leipzig (1904)

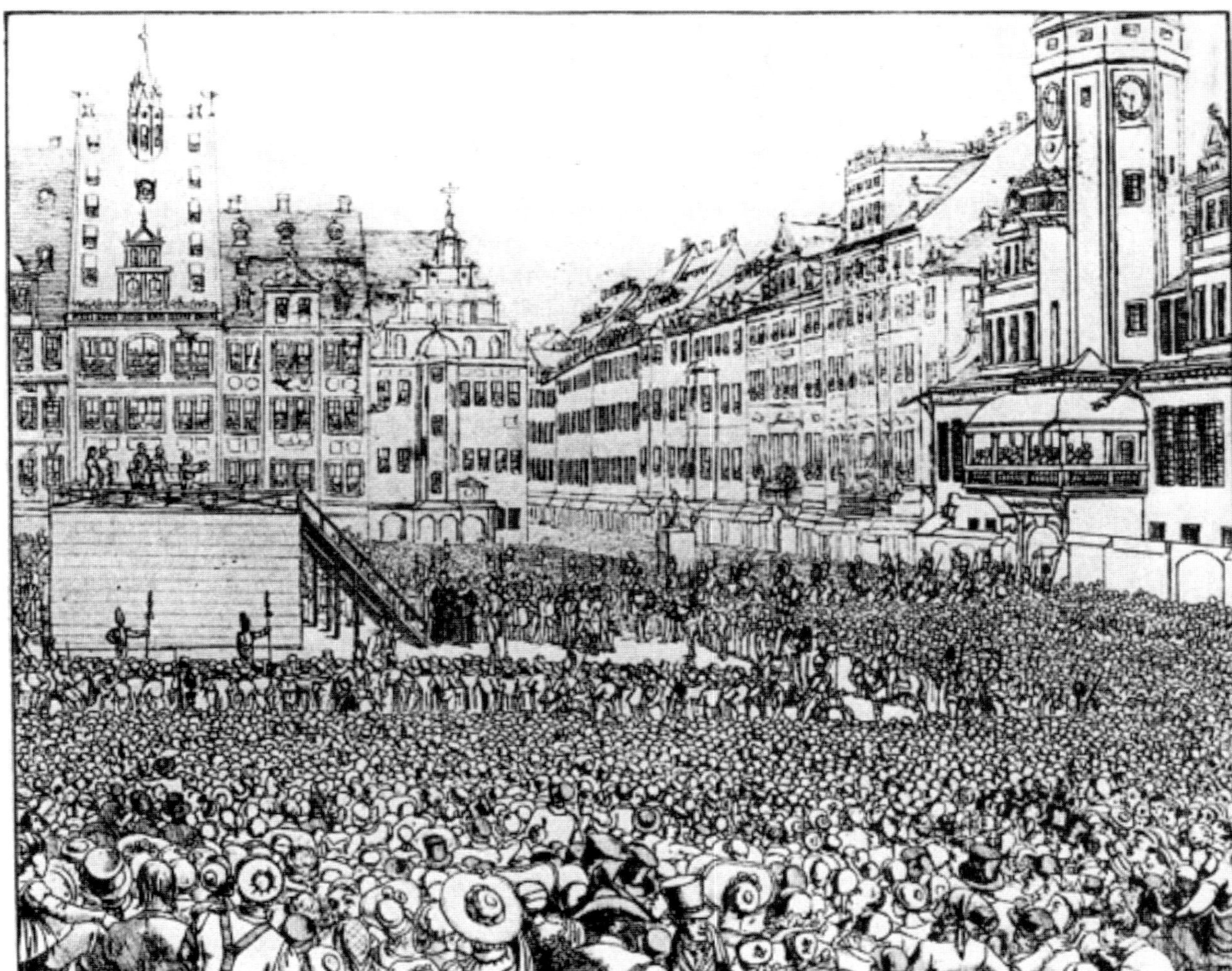
I. C. Woyzeck.
Geht seinnen Tode als reuevoller Christ entgegen, auf dem Marktplatze zu Leipzig. den 27 August 1824.

Was den Fall Woyzeck so problematisch machte, ist die Tatsache, dass der Täter ganz deutliche Symptome einer Psychose zeigte. So bestätigen Zeugen, dass er Stimmen höre, häufig depressiv („tiefsinnig") sei und davon berichte, dass ihm plötzlich die Gedanken still stünden und er Halluzinationen und Visionen habe. Nach heutiger Sicht sind dies alles Anzeichen für Paranoia (Wahnvorstellungen). Es deutet also alles darauf hin, dass es sich um ein überhartes Urteil handelte, das wohl eher auf dem Hintergrund eines starren Normensystems mit machterhaltendem Charakter als auf Grund einer gewissenhaften rechtlich-psychologischen Beurteilung erging.
Immerhin war eine Debatte über Psychopathologie und Rechtsprechung in Gang gekommen, die ein paar Jahre später bei einem ähnlich gelagerten Fall wiederbelebt und in einer Fachzeitschift dargestellt wurde, die Büchners Vater abonniert hatte. Dies mag *ein* Anstoß für Büchner gewesen sein, das Drama zu schreiben. Sicher ist, dass er die Clarus-Gutachten gelesen und zahlreiche Einzelheiten aus dem Eifersuchtsdrama um den Friseurgehilfen Woyzeck in sein Stück übernommen hat.
Hinzu kommt aber noch etwas anderes, das für Büchner wichtig war und das er in dem Drama thematisieren wollte: das materielle Elend des Täters, das von seiner psychischen Situation nicht zu trennen war. Durch die zunehmende Industrialisierung war ein großer Teil der Handwerker arbeitslos geworden und hatte nur noch zwei Möglichkeiten, um den Lebensunterhalt zu verdienen: Tagelöhnerarbeit oder die Beschäftigung als Stadtsoldat, wohingegen vielen Frauen nur noch die Prostitution blieb, um die völlige Verelendung zu vermeiden. So gesehen waren Woyzeck und die Witwe Woost keine Einzelfälle, sondern standen stellvertretend für die vielen, die man unter der Bezeichnung „Pauper" zusammenfasste.

DER FALL WOYZECK – VORSCHLAG FÜR EIN THEATERPROJEKT

Vorschlag für Kurzreferate:
– Paranoia und Büchners Darstellung des Woyzeck
– Zusammenfassung der beiden Clarus-Gutachten
– Anwendung der Aussagen des Allgemeinen Teils des Strafgesetzbuches zur Verminderten Schuldfähigkeit (§§ 20 und 21) auf den Fall
– Der „Pauperismus" und die soziale Lage zu Beginn des 19. Jahrhunderts

Es wird in der Büchner-Forschung nicht ausgeschlossen, dass der promovierte Mediziner Georg Büchner dem armen Christian Woyzeck nachträglich in seinem Drama Gerechtigkeit widerfahren lassen wollte, indem er die Schuldfrage neu stellte und untersuchte.
Auf der Basis von Büchners Drama ließe sich auf diesem Hintergrund ein neuerliches Verfahren gegen Woyzeck inszenieren, in dem verschiedene Personen auftreten: ein Richter, ein Verteidiger und ein Ankläger, Hofrat Clarus als Gutachter, der Mediziner Büchner als Gegengutachter und folgende Zeuginnen und Zeugen: der Hauptmann, der Doktor, Andres und der Tambourmajor.
Im Verlauf der Verhandlung werden die Zeugen befragt und ihre eventuelle Mitschuld wird ermittelt.
Im Anschluss daran folgen die Plädoyers des Anklägers, dann des Verteidigers und schließlich der Richterspruch mit der Urteilsverkündung.
Abschließend wird das Ganze in der Presse kommentiert.

1. Entwerfen Sie auf der Basis des Textes die Zeugenbefragungen.
2. Verfassen Sie auf der Grundlage dieser Zeugenbefragungen und der Kurzreferate (s. Marginalienrand) die beiden Plädoyers.
3. Spielen Sie die ganze Gerichtsverhandlung; diskutieren Sie den Urteilsspruch.

Die Freiheit der Lust und die Disziplinierung des Denkens

Hoffmanns *Struwwelpeter* und Heines *Deutschland. Ein Wintermärchen* sind beide im Jahre 1844 entstanden. Beider „Helden" sind durch Unbotmäßigkeit gegenüber staatlicher oder elterlicher Autorität gekennzeichnet. Was macht das Vergnügen aus, das wir noch immer beim Lesen der Geschichten empfinden, mit denen einst der Arzt Hoffmann seinen vierjährigen Sohn zu Weihnachten beschenkte? Ist es das „Sündenbock-Syndrom": Die Figuren tun, was wir selbst an Verbotenem tun möchten, dessen Konsequenzen wir aber fürchten? Ist es die „gouvernementalité", die Gesinnung, die aus der freiwilligen Mitwirkung an der eigenen Disziplinierung entsteht und die zum Bestand einer eher „liberalen" bürgerlichen Erziehung gehört? Oder ist es einfach das harmlose Vergnügen, eigene Erfahrungen wiederzuerkennen?

Heinrich Hoffmann:
Der böse Friederich
(Ur-Struwwelpeter)

Hoffmann hat durch Anleihen bei der politischen Karikatur seiner Zeit indirekt auf eine politische Ebene seiner Kindergeschichten aufmerksam gemacht. Der „böse Friederich" ist gekleidet wie ein Student der oppositionellen Jenenser Burschenschaft. Im Bett trägt er eine Nachtmütze wie der deutsche Michel. Durch mehrere Geschichten ziehen sich Bildzeichen wie die Schlafmütze, Tintenfass, Schere, sodass der Komplex der Zensur angedeutet ist, ohne irgendwo eigens thematisiert zu sein. Der Name „Struwwelpeter" spielt an auf Gustav von Struve, die ungekämmten Haare verweisen auf den Volkshelden Friedrich Hecker.

Heinrich Hoffmann:
Der Suppenkaspar

Die Daumenschere des Schneiders ist im Bild ebenso überdimensional gezeichnet wie die Zensorschere in den politischen Karikaturen der Zeit (vgl. S. 15).

Heinrich Hoffmann:
Ins Bett muss Friedrich nun hinein …

Heinrich Hoffmann: Der Daumenlutscher und der Schneider mit der Scher

1. Wählen Sie eine der Geschichten aus. Suchen Sie nach Entsprechungen zwischen den Kindern (der Bildgeschichte) und den Bürgern (des Vormärz). Welche politischen Konstellationen der Zeit könnten Sie in die vorgegebenen „Filmszenen" hineinerzählen?
2. Können Sie sich vorstellen, warum die Geschichte bei den Kindern gut ankam?
3. Vorschlag für eine Facharbeit:
   Nehmen Sie
   – die „Struwwelpeter"-Geschichten als Beispiele bürgerlicher Sozialisation und
   – die Familie als Modell für den Staat, in dem die Kinder das Volk und die Eltern die Regierungen repräsentieren.
   Rekonstruieren Sie die versteckte politische Botschaft des erfolgreichsten Jugendbuchs der Deutschen.

AUS DEM STUTTGARTER „EULENSPIEGEL“: DER DEUTSCHE REVOLUTIONSKASPAR

Im Jahre 1848 entstanden bereits die ersten politischen Umerzählungen des *Struwwelpeter.* In der württembergischen satirischen Zeitschrift *Der Eulenspiegel* findet sich eine „Suppenkaspar“-Geschichte als Geschichte der deutschen Revolution: Michel mag 1849 seine „Revolutions-Suppe“ nicht mehr essen. Die satirische Veränderung einer Person in vier Stationen, die Hoffmann der französischen politischen Karikatur (der Kopf des Königs Louis Philippe wird in eine Birne verwandelt) entlehnt hatte, wird erneut politisiert.

174

Der neue Struwwelpeter.

Herr Michel Parlament im März
Hatt' auf dem rechten Fleck das Herz,
Die Supp' der Revolution,
Die schluckt' er prächtig, Thron um Thron,
Ward wie ein Bube kerngesund,
Mit Backen roth und kugelrund.
Auf einmal fing er an zu schrei'n:
Ich esse keine Suppe! Nein!
Und ob auch Frau Germania
Stand mit dem Suppenlöffel da,
Wollt' füttern ihren jungen Wicht,
Schrie er: die Suppe eff' ich nicht!

* * *

Am nächsten Tag — ja fleh' nur her! —
Da war er schon viel magerer.
Doch fing er wieder an zu schrei'n:
Ich esse keine Suppe! Nein!
Ich esse meine Suppe nicht!
Nein, meine Suppe eff' ich nicht!

Am dritten Tag — o weh und ach!
Wie ist der Michel dünn und schwach!
Probirt zu beißen und zu kau'n,
Und kann die Supp' nicht mehr verdau'n.
Sein' arme Mutter steht dabei
Und heult vor Jammer in den Brei;
Doch seine Pfleger freut es sehr,
Daß er will keine Suppe mehr:
Schlafkappen haben sie von Gold,
Sind solchen Suppen gar nicht hold,
Rathen dem Michel, fortzuschrei'n:
Ich esse keine Suppe! Nein!

* * *

Der Eulenspiegel,
Nr. 9 vom 24.2.1849

1. Sie kennen aus dem *Struwwelpeter* das Ende der Geschichte.
   Entwerfen Sie selbst aus der Kenntnis der Ereignisse in Deutschland im Jahre 1849 den „Schluss“ der Satire in Bild und Vers.

HENRY RITTER: DER BÖSE FRIEDERICH HECKER UND DIE MUTTER GERMANIA

Eine zweite politische Umschrift des Kinderbuchs stammt von Henry Ritter, einem Maler der „Düsseldorfer Schule". Michel soll, so der Vorspann, Bilder und Geschehen „auf sich anwenden". Als „ächter Deutscher" soll er die Farben schwarz-rot-gold in Ehren halten, sich weder preußisch noch römisch festlegen und so „freuen Frau Mama, / Die Madame Germania". Den Unarten der Hoffmann'schen Kinder entsprechen die politischen „Unarten" der Zeit, die allesamt schwer bestraft werden. Dem „Terroristen" (= Republikaner), „Heuler" (= Kritiker der Verhältnisse), „Wühler" (= Agitator mit ‚zänkisch bösem Herzen'), dem „Ultramontanen" (= Anhänger des Papstes), dem „Particularisten" (= Vertreter einzelstaatlicher Interessen) sind einzelne Strafgeschichten gewidmet. Besonders eindrucksvoll ist das Beispiel des „bösen Friederich", der „nach republikan'scher Mod" einen Heckerhut mit Feder trägt, unter den Schlagworten „Freiheit, Gleichheit, Tod dem Besitz" böse Buben um sich sammelt und versucht, das Haus der Mutter zu erstürmen. Am Ende muss „Friederich der Streitehecker" – wie der historische Friedrich Hecker auch – nach Amerika fliehen.

oben
Henry Ritter: Der böse Friedrich (Hecker)

unten
Henry Ritter: Friedrich erstürmt das Haus der Mutter Germania

1. Schlagen Sie die Ihnen in diesem Kapitel unbekannten Namen in einem Lexikon nach.
2. Wie unterscheidet sich Ritters „Friederich" als „Wüterich" von seinem Vorbild? Stellen Sie alle Einzelinformationen und Wertungen zusammen und beschreiben Sie, welche Auswirkungen die Politisierung der Hoffmann'schen Geschichte auf Sie als Leser/Leserin hat.
3. Untersuchen Sie, wie Zeichner und Texter Ihre Sympathienahme zu lenken versuchen. Beobachten Sie dazu bei sich selbst, wie sich Ihr Lesevergnügen, Unbotmäßiges unter der Oberfläche der Ordnung zuzulassen, verändert. Benennen Sie die „Irritationspunkte" im Text, die Ihre besondere Zustimmung oder Ablehnung erfahren.
4. Wählen Sie eine der „Struwwelpeter"-Geschichten aus, die Sie – nach dem Muster des „Eulenspiegel" – metaphorisch auf ein politisches oder ein schulisches, ein öffentliches Ereignis beziehen. Verfassen Sie dann selbst zu eigenen Bildern die entsprechenden Verse.

Grundlagen, Stile, Gestalten der deutschen Literatur
Im Mittelpunkt stehen Autor/in und Werk, eingebettet in die entsprechende Epoche und geprägt von außer- wie innerliterarischen Faktoren. Eröffnet wird jedes Kapitel mit einem breiten historischen und soziokulturellen *Panorama des Zeitalters.* Kommentierte Abbildungen, Querverweise und ausführliche Register runden das Werk ab.

Arbeitshefte zur Literaturgeschichte
Die inhaltliche Struktur *Text – Kontext – Epoche* ist in allen Heften gleich. Die Reihe umfasst zurzeit neun Titel, vom Barock bis zum Expressionismus (siehe Bestellkarte).

Deutsche Gedichte
Die aktuelle Ausgabe der traditionsreichen Anthologie (Echtermeyer/von Wiese) berücksichtigt verstärkt die Dichterinnen und Dichter des 20. Jahrhunderts, wie Paul Celan und Hilde Domin, Ulla Hahn und Thomas Kling.

Abi-Profi Deutsch
Ein Kompendium mit Übungen zum mündlichen und schriftlichen Abitur – Interpretation von Texten, Sachanalysen, Erörterung: Exemplarisch werden Arbeitsschritte vorgeführt und trainiert. Über eine Online-Anbindung erhalten Interessierte aus Zentralabiturländern weitere Infos über spezielle, landesbezogene Anforderungen.

Bestellungen der SSL-Lizenzen sind nur direkt beim Cornelsen Verlag mit **Schulstempel** oder **Immatrikulationsbescheinigung** möglich (keine Lieferung über den Buchhandel).

SSL Office 2000 PREMIUM
Das Paket umfasst die Programme:
- Word 2000
- Excel 2000
- Access 2000
- Powerpoint 2000
- Outlook 2000
- Publisher 2000
- Frontpage 2000
- Photodraw 2000

SSL Windows 2000 o. 98 – update

SSL Office 2000 Professional
Das Paket umfasst die Programme:
- Word 2000
- Excel 2000
- Access 2000
- Powerpoint 2000
- Outlook 2000
- Publisher 2000

SSL Visual Studio 6.0
Das Paket umfasst die Programme:
- Visual Basic 6.0 Professional
- Visual C++ 6.0 Professional
- Visual J++ 6.0 Professional
- Visual InterDev 6.0 Professional
- Visual FoxPro 6.0 Professional

Bestellkarte

Hiermit bestelle ich zur Lieferung wie umseitig ausgewiesen (per Nachnahme oder Bankeinzugsverfahren). Preis zuzüglich Versandkosten.

☐ **Romantik – CD-ROM**
Pentium-PC mit Windows 95. Bestellnr. 908160 ◇ 99,— DM

☐ **Grundlagen, Stile, Gestalten der deutschen Literatur**
638 Seiten, Festeinband. Bestellnr. 638014 47,90 DM

Arbeitshefte zur Literaturgeschichte (mit beigelegten Lösungshinweisen):

☐ **Barock**
88 Seiten, Bestellnr. 611450 19,80 DM

☐ **Sturm und Drang**
88 Seiten, Bestellnr. 611515 19,80 DM

☐ **Romantik**
88 Seiten, Bestellnr. 611485 19,80 DM

☐ **Literatur um 1900**
88 Seiten, Bestellnr. 611558 19,80 DM

☐ **Deutsche Gedichte** (Leinen-Einband)
800 Seiten, Bestellnr. 570002 46,90 DM

☐ **Aufklärung**
88 Seiten, Bestellnr. 611469 19,80 DM

☐ **Weimarer Klassik**
88 Seiten, Bestellnr. 611477 19,80 DM

☐ **Realismus**
88 Seiten, Bestellnr. 611566 19,80 DM

☐ **Expressionismus**
88 Seiten, Bestellnr. 611574 19,80 DM

☐ **Abi-Profi Deutsch**
204 Seiten, Bestellnr. 634825 19,80 DM

Gewünschtes bitte in dem entsprechenden Kästchen deutlich ankreuzen. Alle Titel können auch durch den Buchhandel zum Ladenpreis ohne Versandkosten bezogen werden.
Preisstand 1.1.2001. Änderungen vorbehalten. ◇ = Unverbindliche Preisempfehlung.

Bestellkarte

Hiermit bestelle ich zur Lieferung wie umseitig ausgewiesen (per Nachnahme oder Bankeinzugsverfahren). Preis zuzüglich Versandkosten.

Wichtiger Hinweis zur Bestellung:
Im Falle einer Bestellung, erhalten Sie von uns ein Paket mit einer vorläufigen Lizenz, den Lizenzvereinbarungen und einem Bestellformular für die Software-CD-ROM, die direkt von *Microsoft* an den Kunden ausgeliefert wird. Dieses Bestellformular ist vollständig ausgefüllt und mit den notwendigen Nachweisen versehen (Immatrikulationsbescheinigung, Bescheinigung der Schule oder Hochschule) an das *Microsoft Fulfilment Center* in Holland zu schicken. Ein voradressierter und vorfrankierter Umschlag liegt bei. Der Lieferumfang umfasst die persönliche Lizenz, die mit der Unterschrift des Bestellers gültig wird, und eine CD-ROM mit der Software.

☐ **SSL Office 2000 PREMIUM**
Bestellnr. 908291 ◇ 299,— DM

☐ **SSL Windows 2000 o. 98 – update**
Bestellnr. 926001 ◇ 139,— DM

☐ **SSL Office 2000 Professional**
Bestellnr. 908305 ◇ 259,— DM

☐ **SSL Visual Studio 6.0**
Bestellnr. 926206 ◇ 199,— DM

Gewünschtes bitte in dem entsprechenden Kästchen deutlich ankreuzen.
Preisstand 1.1.2001. Änderungen vorbehalten. ◇ = Unverbindliche Preisempfehlung.

Bitte in Druckschrift komplett ausfüllen

Name / Vorname

Straße / Hausnummer

Postleitzahl / Ort

Datum / Unterschrift der / des Erziehungsberechtigten

Ich bestelle zur Lieferung:

☐ per Nachnahme (Preis zzgl. Versandkosten und 6,50 DM Nachnahmegebühr)

☐ per Bankeinzug (Preis zzgl. Versandkosten)

Kontonummer

Bankleitzahl

Name des Kontoinhabers

Datum / Unterschrift des Kontoinhabers

BK **305**

Bitte freimachen

Antwortkarte

Cornelsen

Cornelsen Verlag

14328 Berlin

Bitte in Druckschrift komplett ausfüllen

Name / Vorname

Straße / Hausnummer

Postleitzahl / Ort

Datum / Unterschrift der / des Erziehungsberechtigten

Ich bestelle zur Lieferung:

☐ per Nachnahme (Preis zzgl. Versandkosten und 6,50 DM Nachnahmegebühr)

☐ per Bankeinzug (Preis zzgl. Versandkosten)

Kontonummer

Bankleitzahl

Name des Kontoinhabers

Datum / Unterschrift des Kontoinhabers

BK **313**

Bitte freimachen

Antwortkarte

Cornelsen

Cornelsen Verlag

14328 Berlin

Ein neues Lied, ein besseres Lied

Erstmals nach 13 Jahren des Exils reiste Heinrich Heine im Spätherbst 1843 nach Deutschland. Sein Ziel war Hamburg, die Stadt, in der seine Mutter und Schwester lebten und wo der Verleger Heinrich Campe mit ihm über eine Gesamtausgabe seiner Werke verhandeln wollte. Die Reise war nicht ungefährlich, bestand doch gegen ihn ein preußischer Haftbefehl. Heine fuhr mit Eisenbahn und Postkutsche durch Frankreich, Belgien und das preußische Deutschland. Zurück in Paris verfasste er in kurzer Zeit das „versifizierte Reisebild", von dem er hoffte, dass es in Deutschland politisch „furore" machen würde. Er veröffentlichte einen Vorabdruck in Karl Marx' Pariser Zeitung *Vorwärts!,* einen Separatdruck, der der Hamburger Zensur vorgelegt werden musste, und eine Ausgabe zusammen mit den *Neuen Gedichten,* die umfangreich genug war, um die Vorzensur zu umgehen.

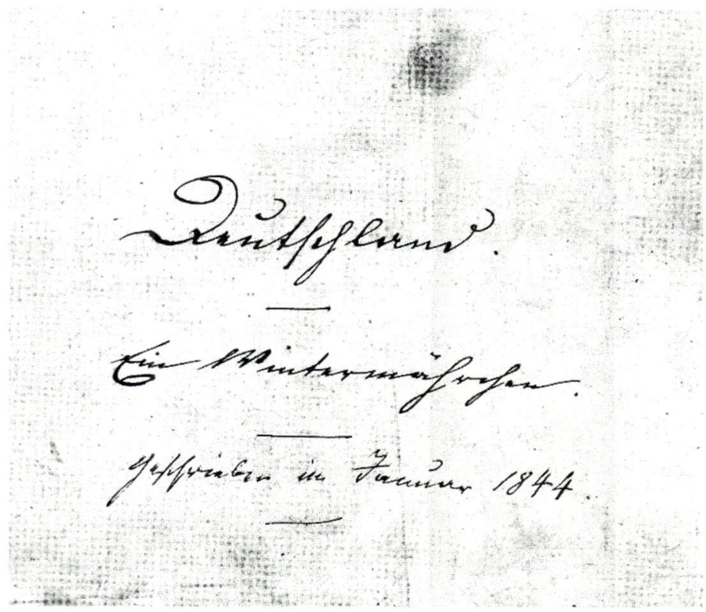

Titel-Faksimile in der Handschrift Heines

Die Wiederaufnahme des kritischen Genres der „Reisebilder" ermöglicht Heine den fremden Blick auf deutsche Zustände. Dessen Ergebnis ist im anspielungsreichen Untertitel *Wintermärchen* zusammengefasst: Politisch sieht Heine Deutschland im Jahre 1843 erstarrt, obwohl, als oekonomische Modernisierung, eben der „preußische Zollverein" gegründet worden war. Das Märchenland der Romantik ist ein Philisterland geworden. Jede Station der Reise enthüllt neue Aspekte des deutschen Winters.

DAS ERSTE CAPUT DES „WINTERMÄRCHENS" – EIN MANIFEST

Deutschland. Ein Wintermärchen ist in 27 Kapitel (Caput I–XXVII) aufgeteilt, Stationen der Reise und Schritte der sich anschließenden Beobachtungen und Reflexionen. Das erste Caput behandelt die Wiederbegegnung des Dichters mit seiner Heimat.

Caput I

Im traurigen Monat November war's,
Die Tage wurden trüber,
Der Wind riss von den Bäumen das Laub,
Da reist ich nach Deutschland hinüber.

Und als ich an die Grenze kam,
Da fühlt ich ein stärkeres Klopfen
In meiner Brust, ich glaube sogar
Die Augen begunnen zu tropfen.

Und als ich die deutsche Sprache vernahm,
Da ward mir seltsam zumute;
Ich meinte nicht anders, als ob das Herz
Recht angenehm verblute.

Ein kleines Harfenmädchen sang.
Sie sang mit wahrem Gefühle
Und falscher Stimme, doch ward ich sehr
Gerühret von ihrem Spiele.

Sie sang von Liebe und Liebesgram,
Aufopfrung und Wiederfinden
Dort oben, in jener besseren Welt,
Wo alle Leiden schwinden.

Sie sang vom irdischen Jammertal,
Von Freuden, die bald zerronnen,
Vom Jenseits, wo die Seele schwelgt
Verklärt in ew'gen Wonnen.

Sie sang das alte Entsagungslied,
Das Eiapopeia vom Himmel,
Womit man einlullt, wenn es greint,
Das Volk, den großen Lümmel.

Ich kenne die Weise, ich kenne den Text,
Ich kenn auch die Herren Verfasser;
Ich weiß, sie tranken heimlich Wein
Und predigten öffentlich Wasser.

Ein neues Lied, ein besseres Lied,
O Freunde, will ich euch dichten!
Wir wollen hier auf Erden schon
Das Himmelreich errichten.

Wir wollen auf Erden glücklich sein
Und wollen nicht mehr darben;
Verschlemmen soll nicht der faule Bauch,
Was fleißige Hände erwarben.

Es wächst hienieden Brot genug
Für alle Menschenkinder,
Auch Rosen und Myrten, Schönheit und Lust,
Und Zuckererbsen nicht minder.

Ja, Zuckererbsen für jedermann,
Sobald die Schoten platzen!
Den Himmel überlassen wir
Den Engeln und den Spatzen.

Und wachsen uns Flügel nach dem Tod,
So wollen wir euch besuchen
Dort oben, und wir, wir essen mit euch
Die seligsten Torten und Kuchen.

Ein neues Lied, ein besseres Lied!
Es klingt wie Flöten und Geigen!
Das Miserere ist vorbei,
Die Sterbeglocken schweigen.

Die Jungfer Europa ist verlobt
Mit dem schönen Geniusse
Der Freiheit, sie liegen einander im Arm,
Sie schwelgen im ersten Kusse.

Und fehlt der Pfaffensegen dabei,
Die Ehe wird gültig nicht minder –
Es lebe Bräutigam und Braut,
Und ihre zukünftigen Kinder!

Ein Hochzeitkarmen ist mein Lied,
Das bessere, das neue!
In meiner Seele gehen auf
Die Sterne der höchsten Weihe –

Begeisterte Sterne, sie lodern wild,
Zerfließen in Flammenbächen –
Ich fühle mich wunderbar erstarkt,
Ich könnte Eichen zerbrechen!

Seit ich auf deutsche Erde trat,
Durchströmen mich Zaubersäfte –
Der Riese hat wieder die Mutter berührt,
Und es wuchsen ihm neu die Kräfte.

1. Worin besteht Ihrer Meinung nach das „Eia-Popeia vom Himmel" und worin das „neue Lied", das der Wintermärchenerzähler singen möchte? Verfassen Sie ein philosophisches Streitgespräch zwischen Heine und einem Mitreisenden in der Postkutsche.
2. Überlegen Sie, welche Teile des ersten Caputs eher der Romantik, welche eher dem Vormärz zugerechnet werden können.
3. Vergleichen Sie die Religionskritik, die Marx durchführt (siehe oben, S. 19), mit derjenigen Heines. Wo sehen Sie Gemeinsamkeiten, wo Unterschiede in der Bewertung der Religion und ihrer Vertreter?
4. Suchen Sie in einer Anthologie der deutschen Lyrik ein Gedicht, das Sie eher dem „alten Entsagungslied", und eins, das Sie eher dem „neuen Lied" zuordnen würden. Stellen Sie beide Gedichte der Klasse vor.

DAS FÜNFTE CAPUT – GEGEN DEN ANTIFRANZÖSISCHEN BIERSTIMMEN-PATRIOTISMUS

Schon im Vorwort hatte Heine angekündigt, dass er seine im Lied vorgetragene „höhere Politik" gegen die altdeutschen Träume von der Restauration eines mittelalterlichen Deutschen Reiches ins Feld führen wolle. Einer der Anlässe dazu war die Welle antifranzösischer politischer Lieder, die in Deutschland entstanden, als die französische Regierung im Jahre 1840 – um von innenpolitischen Problemen abzulenken – die Rheingrenze als deutsch-französische Grenze forderte.

Caput V

Und als ich an die Rheinbrück' kam,
Wohl an die Hafenschanze,
Da sah ich fließen den Vater Rhein
Im stillen Mondenglanze.

„Sei mir gegrüßt, mein Vater Rhein,
Wie ist es dir ergangen?
Ich habe oft an dich gedacht
Mit Sehnsucht und Verlangen."

So sprach ich, da hört ich im Wasser tief
Gar seltsam grämliche Töne,
Wie Hüsteln eines alten Manns,
Ein Brümmeln und weiches Gestöhne:

„Willkommen, mein Junge, das ist mir lieb,
Dass du mich nicht vergessen;
Seit dreizehn Jahren sah ich dich nicht,
Mir ging es schlecht unterdessen.

Zu Biberich hab ich Steine verschluckt,
Wahrhaftig, sie schmeckten nicht lecker!
Doch schwerer liegen im Magen mir
Die Verse von Niklas Becker.

Er hat mich besungen, als ob ich noch
Die reinste Jungfer wäre,
Die sich von niemand rauben lässt
Das Kränzlein ihrer Ehre.

Wenn ich es höre, das dumme Lied,
Dann möcht ich mir zerraufen
Den weißen Bart, ich möchte fürwahr
Mich in mir selbst ersaufen!

Dass ich keine reine Jungfer bin,
Die Franzosen wissen es besser,
Sie haben mit meinem Wasser so oft
Vermischt ihr Siegergewässer.

Das dumme Lied und der dumme Kerl!
Er hat mich schmählich blamieret,
Gewissermaßen hat er mich auch
Politisch kompromittieret.

Denn kehren jetzt die Franzosen zurück,
So muss ich vor ihnen erröten,
Ich, der um ihre Rückkehr so oft
Mit Tränen zum Himmel gebeten.

Ich habe sie immer so lieb gehabt,
Die lieben kleinen Französchen –
Singen und springen sie noch wie sonst?
Tragen noch weiße Höschen?

Ich möchte sie gerne wiedersehn,
Doch fürcht ich die Persiflage,
Von wegen des verwünschten Lieds,
Von wegen der Blamage.

Der Alfred de Musset, der Gassenbub',
Der kommt an ihrer Spitze
Vielleicht als Tambour, und trommelt mir vor
All seine schlechten Witze."

So klagte der arme Vater Rhein,
Konnt sich nicht zufrieden geben.
Ich sprach zu ihm manch tröstendes Wort,
Um ihm das Herz zu heben:

„O fürchte nicht, mein Vater Rhein,
Den spöttelnden Scherz der Franzosen;
Sie sind die alten Franzosen nicht mehr,
Auch tragen sie andere Hosen.

[...]

Niklas Becker

Der deutsche Rhein (1840)

Sie sollen ihn nicht haben,
Den freien deutschen Rhein,
Ob sie wie gierge Raben
Sich heiser darnach schrein,

So lang er ruhig wallend
Sein grünes Kleid noch trägt,
So lang ein Ruder schallend
In seine Woge schlägt!

Sie sollen ihn nicht haben,
Den freien deutschen Rhein,
So lang sich Herzen laben
An seinem Feuerwein,

So lang in seinem Strome
Noch fest die Felsen stehn,
So lang sich hohe Dome
In seinem Spiegel sehn!

Sie sollen ihn nicht haben,
Den freien deutschen Rhein,
So lang dort kühne Knaben
Um schlanke Dirnen frein,

So lang die Flosse hebet
Ein Fisch auf seinem Grund,
So lang ein Lied noch lebet
In seiner Sänger Mund!

Sie sollen ihn nicht haben,
Den freien deutschen Rhein;
Bis seine Flut begraben
Des letzten Manns Gebein!

Alfred de Musset

Le Rhin allemand

Réponse à la Chanson de Becker
–1841–

Nous l'avons eu, votre Rhin allemand,
Il a tenu dans notre verre.
Un couplet qu'on s'en va chantant
Efface-t-il la trace altière
Du pied de nos chevaux marqué dans votre sang?

Nous l'avons eu, votre Rhin allemand.
Que faisaient vos vertus germaines,
Quand notre César tout-puissant
De son ombre couvrait vos plaines?
Où donc est-il tombé, ce dernier ossementé?

Nous l'avons eu, votre Rhin allemand.
Si vous oubliez votre histoire,
Vos jeunes filles, sûrement,
Ont mieux gardé notre memoire;
Elles nous ont versé votre petit vin blanc.

Qu'il coule en paix, votre Rhin allemand;
Que vos cathédrales gothiques
S'y reflêtent modestement;
Mais craignez que vos airs bachiques
Ne réveillent les morts de leur repos sanglant.

1. Verfassen Sie einen Artikel: „Klagen des Vaters Rhein über seine politische Gegenwart im Jahre 1840".
2. Die Lieder von Becker und Musset benutzen politische Stereotypen, die die eigene Nation auf-, die andere abwerten. Tragen Sie die im Text genannten und weitere Urteile dieses Typs über Deutsche und Franzosen zusammen.
3. Schreiben Sie einen fiktiven Toten-Dialog zwischen Heine und den beiden „Patrioten" Niklas Becker und Alfred de Musset.

DAS SIEBTE CAPUT – AUSEINANDERSETZUNG IM KÖLNER DOM

Abends geht der vom Rheinwein schon etwas berauschte Dichter durch die Gassen Kölns. Ihm folgt eine vermummte Gestalt. Angesprochen stellt sie sich vor als der Büttel, der die Gedanken des Dichters in die Wirklichkeit umsetzt: „Ich bin / Die Tat von deinen Gedanken." Im Traum („hier fühlt die deutsche Seele sich frei") setzt der Erzähler seinen Gang fort, er betritt, zusammen mit seinem Begleiter, den Dom.

Gedanklich entwickelt Heine seine Idee von der revolutionären Vorbereitung einer neuen Zeit durch die moderne Dichtung. So, wie die Philosophen der Aufklärung (Voltaire, Diderot, Rousseau) die Französische Revolution vorbereitet hatten, sind die deutschen Philosophen Kant, Fichte, Hegel die gedanklichen Vorbereiter einer neuen Zeit. Dichter wie Heine sind diejenigen, die das „Schulgeheimnis" dieser Denker vor dem Volk ausplaudern. Die „Tat" (des Volkes) folgt ihren „Gedanken". Deswegen kann das *Wintermärchen* auch mit einer unverhohlenen Drohung an den preußischen König Friedrich Wilhelm IV. enden:

„Beleidge lebendige Dichter nicht,
Sie haben Flammen und Waffen,
Die furchtbarer sind als Jovis Blitz,
Den ja der Poet erschaffen."

Georg Osterwald: Weiterbau des Doms 1842

Caput VII

Und als ich einschlief, da träumte mir,
Ich schlenderte wieder im hellen
Mondschein die hallenden Straßen entlang
In dem altertümlichen Köllen.

Und hinter mir ging wieder einher
Mein schwarzer, vermummter Begleiter.
Ich war so müde, mir brachen die Knie,
Doch immer gingen wir weiter. [...]

Wir gehen und gehen, bis wir zuletzt
Wieder zum Domplatz gelangen;
Weit offen standen die Pforten dort,
Wir sind hineingegangen.

Es herrschte im ungeheuren Raum
Nur Tod und Nacht und Schweigen;
Es brannten Ampeln hie und da,
Um die Dunkelheit recht zu zeigen.

Ich wandelte lange den Pfeilern entlang
Und hörte nur die Tritte
Von meinem Begleiter, er folgte mir
Auch hier bei jedem Schritte.

Wir kamen endlich zu einem Ort,
Wo funkelnde Kerzenhelle
Und blitzendes Gold und Edelstein;
Das war die Drei-Königs-Kapelle.

Die heilgen drei Könige jedoch,
Die sonst so still dort lagen,
O Wunder! sie saßen aufrecht jetzt
Auf ihren Sarkophagen.

Drei Totengerippe, fantastisch geputzt,
Mit Kronen auf den elenden
Vergilbten Schädeln, sie trugen auch
Das Zepter in knöchernen Händen.

Wie Hampelmänner bewegten sie
Die längst verstorbenen Knochen;
Die haben nach Moder und zugleich
Nach Weihrauchduft gerochen.

Der eine bewegte sogar den Mund
Und hielt eine Rede, sehr lange;
Er setzte mir auseinander, warum
Er meinen Respekt verlange.

Zuerst weil er ein Toter sei,
Und zweitens weil er ein König,
Und drittens weil er ein Heil'ger sei –
Das alles rührte mich wenig.

Ich gab ihm zur Antwort lachenden Muts:
„Vergebens ist deine Bemühung!
Ich sehe, dass du der Vergangenheit
Gehörst in jeder Beziehung.

Fort! fort von hier! im tiefen Grab
Ist eure natürliche Stelle.
Das Leben nimmt jetzt in Beschlag
Die Schätze dieser Kapelle.

Der Zukunft fröhliche Kavallerie
Soll hier im Dome hausen.
Und weicht ihr nicht willig, so brauch ich Gewalt
Und lass euch mit Kolben lausen!"

So sprach ich, und ich drehte mich um,
Da sah ich furchtbar blinken
Des stummen Begleiters furchtbares Beil –
Und er verstand mein Winken.

Er nahte sich, und mit dem Beil
Zerschmetterte er die armen
Skelette des Aberglaubens, er schlug
Sie nieder ohn' Erbarmen.

Es dröhnte der Hiebe Widerhall
Aus allen Gewölben, entsetzlich! –
Blutströme schossen aus meiner Brust,
Und ich erwachte plötzlich.

1. Im Traum lässt der Reise-Erzähler fantastische Gestalten auftreten, reden und handeln. Beschreiben Sie diese Figuren und die Gedanken, die sie im Erzähler auslösen. Erklären Sie, warum die Rede des Heiligen den Erzähler „wenig rührt".
2. Versuchen Sie – von den letzten zwei Strophen des Caputs aus – die Einstellung des Erzählers zu den Ereignissen seines Traums zu rekonstruieren. Überlegen Sie, inwieweit diese zu Ideen der Romantik oder des Vormärz passen.
3. Stellen Sie die Szene in der Schatzkammer des Kölner Doms nach. Formulieren Sie die Reden des Königs und die des Erzählers in eigenen Worten. Vergleichen Sie Ihre Reden mit den Versen des Caput.
4. Zeichnen und schreiben Sie die Szene im Dom als Comic. Vergleichen Sie die beiden Texte in Bezug auf ihre Wirkung.

Rettig / Pfann: Denkmal-Entwurf für Kaiser Wilhelm I.

CAPUT 16 – AUSEINANDERSETZUNG MIT DEM KAISER BARBAROSSA

Bei der sich anschließenden Reise durch Westfalen und den Teutoburger Wald trifft der Erzähler auf die Symbole des neu erwachten nationalen Denkens, Hermann den Cherusker (Hermannsdenkmal) und – wieder im Traum – den Staufer-Kaiser Friedrich Barbarossa, der sich im Kyffhäuser auf seine Wiederkunft vorbereitet.

Caput XVI

Das Stoßen des Wagens weckte mich auf,
Doch sanken die Augenlider
Bald wieder zu, und ich entschlief
Und träumte vom Rotbart wieder.

Ging wieder schwatzend mit ihm herum
Durch alle die hallenden Säle;
Er frug mich dies, er frug mich das,
Verlangte, dass ich erzähle.

Er hatte aus der Oberwelt
Seit vielen, vielen Jahren,
Wohl seit dem Siebenjährigen Krieg,
Kein Sterbenswort erfahren.

Er frug nach Moses Mendelssohn[1],
Nach der Karschin[2], mit Intresse
Frug er nach der Gräfin Dubarry[3],
Des fünfzehnten Ludwigs Mätresse.

„O Kaiser“, rief ich, „wie bist du zurück!
Der Moses ist längst gestorben,
Nebst seiner Rebekka, auch Abraham,
Der Sohn, ist gestorben, verdorben.

[…]

Der König Ludwig der Fünfzehnte starb
Ganz ruhig in seinem Bette,
Der Sechzehnte aber ward guillotiniert
Mit der Königin Antoinette[4].

Die Königin zeigte großen Mut,
Ganz wie es sich gebührte,
Die Dubarry aber weinte und schrie,
Als man sie guillotinierte.“ –

Der Kaiser blieb plötzlich stille stehn,
Und sah mich an mit den stieren
Augen und sprach: „Um Gotteswill'n,
Was ist das, guillotinieren?“

„Das Guillotinieren“ – erklärte ich ihm –
„Ist eine neue Methode,
Womit man die Leute jeglichen Stands
Vom Leben bringt zu Tode.

Bei dieser Methode bedient man sich
Auch einer neuen Maschine,
Die hat erfunden Herr Guillotin[5],
Drum nennt man sie Guillotine.

Du wirst hier an ein Brett geschnallt;
Das senkt sich; – du wirst geschoben
Geschwinde zwischen zwei Pfosten; – es hängt
Ein dreieckig Beil ganz oben; –

Man zieht eine Schnur, dann schießt herab
Das Beil, ganz lustig und munter; –
Bei dieser Gelegenheit fällt dein Kopf
In einen Sack hinunter.“

Hans Erich Köhler: Hinrichtung des Königs

Der Kaiser fiel mir in die Red':
„Schweig still, von deiner Maschine
Will ich nichts wissen, Gott bewahr',
Dass ich mich ihrer bediene!

Der König und die Königin!
Geschnallt! an einem Brette!
Das ist ja gegen allen Respekt
Und alle Etikette!

Und du, wer bist du, dass du es wagst,
Mich so vertraulich zu duzen?
Warte, du Bürschchen, ich werde dir schon
Die kecken Flügel stutzen!

Es regt mir die innerste Galle auf,
Wenn ich dich höre sprechen,
Dein Odem schon ist Hochverrat
Und Majestätsverbrechen!“

Als solchermaßen in Eifer geriet
Der Alte und sonder Schranken
Und Schonung mich anschnob, da platzten heraus
Auch mir die geheimsten Gedanken.

„Herr Rotbart“ – rief ich laut –, „du bist
Ein altes Fabelwesen,
Geh, leg dich schlafen, wir werden uns
Auch ohne dich erlösen.

1 Moses Mendelssohn (1729–1786), Mitkämpfer Lessings in der Aufklärung
2 zeitgenössische Autorin
3 Marie Jeanne Dubarry (1743–1793), politisch einflussreiche Geliebte Ludwigs XV.
4 Ludwig XVI. (Enkel Ludwigs XV.) und Marie Antoinette (Tochter Maria Theresias) wurden 1793 hingerichtet.
5 Die Guillotine war seit 1792 – auf Vorschlag des Arztes Guillotin – die Hinrichtungsmaschine, deren man sich in der Französischen Revolution bediente.

Die Republikaner lachen uns aus,
Sehn sie an unserer Spitze
So ein Gespenst mit Zepter und Kron';
Sie rissen schlechte Witze.

Auch deine Fahne gefällt mir nicht mehr,
Die altdeutschen Narren verdarben
Mir schon in der Burschenschaft die Lust
An den schwarzrotgoldnen Farben.

Das Beste wäre, du bliebest zu Haus,
Hier in dem alten Kyffhäuser –
Bedenk ich die Sache ganz genau,
So brauchen wir gar keinen Kaiser."

1. Untersuchen Sie die Haltung, die der Erzähler gegenüber dem Kaiser einnimmt: Spottet er, warnt er, droht er oder nimmt er seine Erzählung der Ereignisse lediglich zum Anlass, um einzelne Personen zu kritisieren?
2. Dem Kaiser „fehlt" ein ganzes Menschenalter europäischer Geschichte. Der Erzähler gibt ihm eine sehr einseitige Darstellung der Entwicklung. Stellen Sie selbst wichtige Personen (z. B. Goethe) und Ereignisse (z. B. „Befreiungskriege") zusammen, die auch noch hätten erwähnt werden müssen.
3. Wie bewerten Sie als Leser/Leserin die Wertungen, die der Erzähler in seinem Geschichtsabriss versteckt, und wie die Reaktionen des Kaisers darauf?
4. Welche satirischen Mittel setzt Heine ein, um seine eigene politische Sicht gegenüber den Hoffnungen der deutschen Patrioten auf ein einiges Kaiserreich Deutschland geltend zu machen?
5. Der Denkmal-Entwurf der Bildhauer/ Architekten Rettig und Pfann aus dem Jahre 1871 (s. S. 50) zeigt den preußischen König als deutschen Kaiser Wilhelm I. Unter ihm sitzt der Kaiser Barbarossa im Kyffhäuser. Können Sie für diese „Verbindung" zwischen preußisch-deutschem und mittelalterlichem „Kaiser" eine Erklärung finden?
6. Schreiben Sie – im Rückblick auf die Entwicklung der deutschen Einheit – eine Glosse zum Thema „Der Traum von der deutschen Einheit", der Verse des *Wintermärchens* aufnimmt.

CAPUT 20 – POLITISCHE MAHLZEIT

In Hamburg angekommen besucht der Erzähler zuerst seine Mutter, die so lange auf ihn hat warten müssen.

Caput XX

Und als ich zu meiner Frau Mutter kam,
Erschrak sie fast vor Freude;
Sie rief: „Mein liebes Kind!" und schlug
Zusammen die Hände beide.

„Mein liebes Kind, wohl dreizehn Jahr'
Verflossen unterdessen!
Du wirst gewiss sehr hungrig sein –
Sag an, was willst du essen?

Ich habe Fisch und Gänsefleisch
Und schöne Apfelsinen."
„So gib mir Fisch und Gänsefleisch
Und schöne Apfelsinen."

Und als ich aß mit großem App'tit,
Die Mutter ward glücklich und munter,
Sie frug wohl dies, sie frug wohl das,
Verfängliche Fragen mitunter.

„Mein liebes Kind! und wirst du auch
Recht sorgsam gepflegt in der Fremde?
Versteht deine Frau die Haushaltung,
Und flickt sie dir Strümpfe und Hemde?"

„Der Fisch ist gut, lieb Mütterlein,
Doch muss man ihn schweigend verzehren;
Man kriegt so leicht eine Grät' in den Hals,
Du darfst mich jetzt nicht stören."

Und als ich den braven Fisch verzehrt,
Die Gans ward aufgetragen.
Die Mutter frug wieder wohl dies, wohl das,
Mitunter verfängliche Fragen.

„Mein liebes Kind! in welchem Land
Lässt sich am besten leben?
Hier oder in Frankreich? und welchem Volk
Wirst du den Vorzug geben?"

„Die deutsche Gans, lieb Mütterlein,
Ist gut, jedoch die Franzosen,
Sie stopfen die Gänse besser als wir,
Auch haben sie bessere Saucen." –

Und als die Gans sich wieder empfahl,
Da machten ihre Aufwartung
Die Apfelsinen, sie schmeckten so süß,
Ganz über alle Erwartung.

Die Mutter aber fing wieder an
Zu fragen sehr vergnüglich,
Nach tausend Dingen, mitunter sogar
Nach Dingen, die sehr anzüglich.

„Mein liebes Kind! Wie denkst du jetzt?
Treibst du noch immer aus Neigung
Die Politik? Zu welcher Partei
Gehörst du mit Überzeugung?"

„Die Apfelsinen, lieb Mütterlein,
Sind gut, und mit wahrem Vergnügen
Verschlucke ich den süßen Saft,
Und ich lasse die Schalen liegen."

Hans Erich Köhler: Der Wintermärchenerzähler und seine Mutter

1. Beschreiben Sie möglichst genau die Sprechhaltung des Sohnes gegenüber der Mutter. Welche Mittel setzt er ein, um ein politisches Bekenntnis zu umgehen?
2. Die „politische Mahlzeit" und das „inquisitorische Gespräch" sind in der Literatur häufig verwendete Gesprächsmuster.
   Stellen Sie sich vor, Sie kommen nach einer längeren Abwesenheit nach Haus. Schreiben Sie einen entsprechenden Dialog, in dem jemand von Ihnen Dinge wissen will, die Sie nicht sagen möchten.

CAPUT 26 – DEUTSCHLANDS TRISTE ZUKUNFT (BLICK IN DEN NACHTTOPF DER HAMMONIA)

Auf dem Hamburger Straßenstrich trifft der Wintermärchenerzähler zwar nicht mehr die stadtbekannten Damen, die ihn in seiner Jugend in das Liebesleben eingeweiht haben, wohl aber die Göttin Hammonia, die Schutzpatronin Hamburgs.
Diese nimmt ihn mit in ihre Kammer. Sie macht ihm unverhohlen Liebesangebote. Sie fantasiert auch aus, welche für die Zukunft beider profitliche Verbindung sie sich zwischen der Stadt und dem Dichter wünscht. Bürgertum und Poesie sollen „versöhnt" werden.
In ihrem Nachttopf lässt Hammonia den Erzähler dann Deutschlands Zukunft schauen.

Caput XXVI

Die Wangen der Göttin glühten so rot
(Ich glaube, in die Krone
Stieg ihr der Rum), und sie sprach zu mir
In sehr wehmütigem Tone:

„Ich werde alt. Geboren bin ich
Am Tage von Hamburgs Begründung.
Die Mutter war Schellfischkönigin
Hier an der Elbe Mündung.

Mein Vater war ein großer Monarch,
Carolus Magnus geheißen,
Er war noch mächt'ger und klüger sogar
Als Friedrich der Große von Preußen.

Der Stuhl ist zu Aachen, auf welchem er
Am Tage der Krönung ruhte;
Den Stuhl, worauf er saß in der Nacht,
Den erbte die Mutter, die gute.

Die Mutter hinterließ ihn mir,
Ein Möbel von scheinlosem Äußern,
Doch böte mir Rothschild all sein Geld,
Ich würde ihn nicht veräußern.

* russisches Leder

Siehst du, dort in dem Winkel steht
Ein alter Sessel, zerrissen
Das Leder der Lehne, von Mottenfraß
Zernagt das Polsterkissen.

◆ Anspielung auf die sechunddreißig Territorien, in die Deutschland aufgeteilt war. Die Striche im Druckbild sind Zeichen von Zensur-Streichungen (die Heine hier als Zeichen der Selbstzensur einsetzt; er hat ja zu schweigen versprochen).

Doch gehe hin und hebe auf
Das Kissen von dem Sessel,
Du schaust eine runde Öffnung dann,
Darunter einen Kessel –

Das ist ein Zauberkessel, worin
Die magischen Kräfte brauen,
Und steckst du in die Ründung den Kopf,
So wirst du die Zukunft schauen –

Die Zukunft Deutschlands erblickst du hier,
Gleich wogenden Phantasmen,
Doch schaudre nicht, wenn aus dem Wust
Aufsteigen die Miasmen*!"

* Pesthauch, Gift

Sie sprach's und lachte sonderbar,
Ich aber ließ mich nicht schrecken,
Neugierig eilte ich, den Kopf
In die furchtbare Ründung zu stecken.

Was ich gesehn, verrate ich nicht,
Ich habe zu schweigen versprochen,
Erlaubt ist mir zu sagen kaum,
O Gott! was ich gerochen! – – –

Ich denke mit Widerwillen noch
An jene schnöden, verfluchten
Vorspielgerüche, das schien ein Gemisch
Von altem Kohl und Juchten*.

Entsetzlich waren die Düfte, o Gott!
Die sich nachher erhuben;
Es war, als fegte man den Mist
Aus sechsunddreißig Gruben◆. – – –

Ich weiß wohl, was Saint-Just gesagt
Weiland im Wohlfahrtsausschuss:
Man heile die große Krankheit nicht
Mit Rosenöl und Moschus –

Doch dieser deutsche Zukunftsduft
Mocht alles überragen,
Was meine Nase je geahnt –
Ich konnt es nicht länger ertragen – – –

Mir schwanden die Sinne, und als ich aufschlug
Die Augen, saß ich an der Seite
Der Göttin noch immer, es lehnte mein Haupt
An ihre Brust, die breite.

Es blitzte ihr Blick, es glühte ihr Mund,
Es zuckten die Nüstern der Nase,
Bacchantisch umschlang sie den Dichter und sang
Mit schauerlich wilder Ekstase:

1. Stellen Sie eigene Spekulationen an, was für ein Lied die Göttin „in wilder Ektase" vortragen könnte. Lesen Sie dann in einer Ausgabe den Schluss des *Wintermärchens* nach und vergleichen Sie.
2. Die Göttin bietet ihren Nachtstuhl als „Zauberkessel" an, in dem der Erzähler die Zukunft Deutschlands erblicken könne. Heute kennen wir die Geschichte der nachfolgenden Ereignisse. Wählen Sie ein Ereignis aus, das Sie – in Wintermärchenstrophen? – aus der Perspektive einer solchen „Prophetie" kritisch darstellen.
3. Der negativen Prophetie über Deutschlands Zukunft im sechsundzwanzigsten Caput steht die positive über die „Jungfer Europa" und den „Genius der Freiheit" des „neuen Lieds" aus dem ersten Caput (S. 45 f.) gegenüber. Was haben die beiden Ihrer Meinung nach miteinander zu tun?

„Wir weben, wir weben“

Der Aufstand der schlesischen Weber hat die deutsche Öffentlichkeit des Vormärz nachhaltig beschäftigt und erschüttert, mit ihm betrat das ausgebeutete und verelendete Proletariat in spektakulärer Weise die politische Bühne. In der zeitgenössischen Literatur fand diese Erschütterung ein vielfältiges Echo, u. a. entstand in den Folgejahren eine Fülle so genannter „Weberlieder“, in denen sich die unterschiedlichen politischen Bestrebungen der Zeit artikulierten.
Über die Vorgänge in Schlesien berichtet die Trier'sche Zeitung am 13. Juni 1844:

Breslau, 5. Juni. Der fortdauernde Notstand der schlesischen Gebirge, wo eine Bevölkerung von mehr als 50000 Menschen im tiefsten Elende schmachtet, wo tatsächlich manche bereits verhungert sind, wo laut unsern Zeitungen erst kürzlich ein Mann aus Nahrungsmangel seine Kinder erwürgt und sich dann selbst erhängt hat, hat endlich eine traurige Katastrophe herbeigeführt. Gestern ist im Reichenbacher Kreise unter dieser Bevölkerung ein Aufstand ausgebrochen. Noch fehlen genauere Nachrichten über diese Vorfälle. Gewiss ist, dass die Häuser und Fabriken mehrerer reicher Leinwandkaufleute in dem Dorfe Peterswaldau und den anliegenden Dörfern gestürmt, geplündert und demoliert worden sind und dass die Kaufleute selbst nur durch Hingabe ihres gesamten baren Vermögens sich vom Tode haben retten können. Aus der Festung Schweidnitz sind heute anderthalb Bataillone Linienmilitär in die aufrührerischen Distrikte gesandt worden.
Wenn man die ursprüngliche Ehrlichkeit und Gutmütigkeit unserer Gebirgsbewohner kennt, so weiß man, dass nur die äußerste Not sie zu verzweifelten und gesetzlosen Schritten getrieben hat. Diese Vorgänge liefern jetzt faktisch den Beweis dafür, dass die Missverhältnisse der industriellen Arbeit und ihrer Verwertung bei uns bereits denselben Grad wie in Frankreich und England erreicht haben.

1. Charakterisieren Sie den politischen Standort des Berichterstatters.
2. Formulieren Sie eine kritische Anmerkung, die „zwischen den Zeilen“ 11 und 12 Platz hätte, aber vom Verfasser offenbar unterdrückt worden ist.

Die Entsendung von Truppen war der Auftakt zur blutigen Niederschlagung des Aufstandes, sie rief Abscheu und Entsetzen hervor. Die nebenstehende zeitgenössische Karikatur nimmt darauf Bezug.

Darstellung aus den Münchener *Fliegenden Blättern*

Käthe Kollwitz: Not

VIER WEBERGEDICHTE IM VERGLEICH

Die nachstehenden Webergedichte sind zwischen 1844 und 1847 entstanden. Sie wollen auf unterschiedliche Weise wirken und richten sich an unterschiedliche Zielgruppen. Ihre Verfasser sind der aus Heilbronn stammende Ludwig Pfau (1821–1884), der 21 Jahre seines Lebens im Exil verbrachte, Heinrich Heine (s. S. 75 ff.), Georg Weerth (s. S. 68) und Louise Aston (s. S. 73).

Zum Vergleich vorweg zwei Gedichttitel: Pfau hat sein Weberlied mit *Der Leineweber* überschrieben, Heines Gedicht trägt den Titel *Die schlesischen Weber.*
Welche Unterschiede fallen Ihnen auf?

Ludwig Pfau

Der Leineweber

Der bleicher Weber sitzt am Stuhl,
Er wirft mit matter Hand die Spul –
Knick, knack! –
Er hebt den müden Fuß zum Treten: –
„Herr Gott! Jetzt kann ich nimmer beten –
Knick, knack! –
Du Linnentuch, du Linnentuch!
Ein jeder Faden sei ein Fluch!“

Es webt und webt sein morscher Leib,
Am Boden liegt sein sterbend Weib –
Knick, knack! –
Die Not sitzt bei ihr, sie zu pflegen,
Der Hunger gibt ihr noch den Segen –
Knick, knack! –
Du Linnentuch, du Linnentuch!
Ein jeder Faden sei ein Fluch!

Der erste Fluch für unsern Herrn!
Hussa! Da springt mein Schifflein gern –
Knick, knack! –
Er darf am vollen Tische lungern,
Wenn wir am Webestuhl verhungern –
Knick, knack! –
Du Linnentuch, du Linnentuch!
Ein jeder Faden sei ein Fluch!

Und einer für den Pfaffen gleich,
Der uns verspricht das Himmelreich –
Knick, knack! –
Wir sollen sterben und verderben,
Das heißt die Seligkeit erwerben –
Knick, knack! –
Du Linnentuch, du Linnentuch!
Ein jeder Faden sei ein Fluch!

Der Faden hier sei dem verehrt,
Der Kugeln uns statt Brot beschert –
Knick, knack! –
Dem hohen Herrn von Gottes Gnaden:
O werd ein Strick, du schwacher Faden! –
Knick, knack! –
Du Linnentuch, du Linnentuch!
Ein jeder Faden sei ein Fluch!

Die Lampe, wie sie plötzlich loht!
Gottlob, mein Weib, nun bist du tot –
Knick, knack! –
Das ist der Trost in unsrem Leben,
Dass wir das Bahrtuch selber weben –
Knick, knack! –
O könnt ich weben Fluch um Fluch,
Der ganzen Welt ein Leichentuch!

Heinrich Heine

Die schlesischen Weber

Im düstern Auge keine Träne,
Sie sitzen am Webstuhl und fletschen die Zähne:
Deutschland, wir weben dein Leichentuch,
Wir weben hinein den dreifachen Fluch –
Wir weben, wir weben!

Ein Fluch dem Gotte, zu dem wir gebeten
In Winterskälte und Hungersnöten;
Wir haben vergebens gehofft und geharrt,
Er hat uns geäfft und gefoppt und genarrt –
Wir weben, wir weben!

Ein Fluch dem König, dem König der Reichen,
Den unser Elend nicht konnte erweichen,
Der den letzten Groschen von uns erpresst
Und uns wie Hunde erschießen lässt –
Wir weben, wir weben!

Ein Fluch dem falschen Vaterlande,
Wo nur gedeihen Schmach und Schande,
Wo jede Blume früh geknickt,
Wo Fäulnis und Moder den Wurm erquickt –
Wir weben, wir weben!

Das Schiffchen fliegt, der Webstuhl kracht,
Wir weben emsig Tag und Nacht –
Altdeutschland, wir weben dein Leichentuch,
Wir weben hinein den dreifachen Fluch,
Wir weben, wir weben!

1. Halten Sie in Stichworten Gemeinsamkeiten und Unterschiede beider Gedichte fest.
2. Ordnen Sie die beiden Gedichte den Radierungen aus dem Zyklus *Ein Weberaufstand* von Käthe Kollwitz zu. Begründen Sie Ihre Zuordnungen.
3. Entwerfen Sie ein Bild des jeweiligen „Adressaten", d.h. des Lesers, auf den das Gedicht einwirken will. Wie denkt er, wie fühlt er?
4. Beide Gedichte, so unterstellen wir, sind im Vormärz an das Feuilleton einer liberalen Zeitung eingesandt und dem zuständigen Zensor vorgelegt worden. Der Zensor sieht sich im Konflikt. Er will, um sich nicht dem Verdacht totaler Repression auszusetzen, wenigstens eines der beiden Gedichte freigeben, ist sich aber unschlüssig, welches. Also beauftragt er einen ihm unterstellten Assessor, in einem Eil-Gutachten zu klären, welches der beiden Gedichte als das gefährlichere, welches als das harmlosere anzusehen sei.
   Übernehmen Sie die Rolle des Assessors. Denken Sie dabei daran, dass sich verschiedene Wirkungsweisen unterscheiden lassen, z. B. Breitenwirkung, Tiefenwirkung, Nebenwirkungen.

Käthe Kollwitz: Weberzug

Biografie s. S. 68

Eine Besonderheit des Weberlieds von Georg Weerth liegt darin, dass es zwar in Deutschland publiziert (1847), aber aus englischer Sicht gestaltet ist. Es konserviert die Erinnerung an eine sommerliche Szenerie vom Juni 1844, als den in England weilenden Weerth die Nachrichten vom schlesischen Weberaufstand erreichten. Die „Kerle" aus York und Lancashire, von denen im Gedicht die Rede ist, sind englische Arbeiter. Etwa zur gleichen Zeit (1848) erhob Karl Marx in seinem kommunistischen Manifest die Forderung: „Proletarier aller Länder, vereinigt euch!"

Georg Weerth

Sie saßen auf den Bänken

Sie saßen auf den Bänken,
Sie saßen um ihren Tisch,
Sie ließen Bier sich schenken
Und zechten fromm und frisch.
Sie kannten keine Sorgen,
Sie kannten kein Weh und Ach,
Sie kannten kein Gestern und Morgen,
Sie lebten nur diesen Tag.

Sie saßen unter der Erle –
Schön war des Sommers Zier.
Wilde, zorn'ge Kerle
Aus York und Lancashire.
Sie sangen aus rauen Kehlen,
Sie saßen bis zur Nacht,
Sie ließen sich erzählen
„Von der schlesischen Weberschlacht".

Und als sie alles wussten,
Tränen vergossen sie fast,
Auffuhren die robusten
Gesellen in toller Hast.
Sie ballten die Fäuste und schwangen
Die Hüte im Sturme da;
Wiesen und Wälder klangen:
„Glück auf, Silesia!"

5. Die englischen Arbeiter lebten damals in elenden Verhältnissen. Welches Bild zeichnet Weerth von ihnen? Achten Sie dabei auf die Stellung des Pronomens „sie" in Satz und Vers.
6. Denken Sie sich wiederum eine fiktive Situation: Weerths Gedicht liegt auf dem Tisch des Zensors und führt zu Streit bei der Zensurbehörde. Zensor A hält es für harmlos, Zensor B, ein Kommunistenjäger, für besonders gefährlich. Entwerfen Sie ein Streitgespräch zwischen den beiden.
7. In der Mitte der 40-er Jahre des 19. Jahrhundert gab es in Deutschland eine politische Denkweise, die man als „wahren Sozialismus" bezeichnete. Ihr Grundzug war der Glaube an die verändernde Kraft des Appells, von dem man sich grundlegende soziale Verbesserungen versprach. Als die Veränderungen ausblieben, begannen die Triebfedern der „wahren Sozialisten" rasch zu erlahmen. Manches spricht dafür, dass Weerth diese Zielgruppe vor Augen hatte, als er sein Weberlied schrieb.
„Übersetzen" Sie das Gedicht in einen fiktiven Dialog zwischen Georg Weerth (G.W.) und einem „wahren Sozialisten"(W.S.) im Jahr 1847. Er könnte so beginnen:
W.S.: Ich geb's auf. Jahrelang haben wir den Leuten das Elend der Arbeiter in den glühendsten Farben vor Augen gestellt. Wir wollten sie aufrütteln, wir wollten einen allgemeinen Aufschrei der Empörung. Er sollte die Regierungen zwingen, sich um die Schwächsten unter ihren Untertanen zu kümmern. Und was ist geschehen seither? Nichts, oder so gut wie nichts. Was soll man da noch tun?
G.W.: Hör mal zu, ich will dir was erzählen. Ich war 1844 in England und habe vom Weberaufstand aus der Zeitung und aus Briefen erfahren. Ich war damals viel mit englischen Arbeitern zusammen …
Vervollständigen Sie den Gesprächsbeitrag Georg Weerths.

Louise Aston (1814–1871) gilt als frühe Feministin (s. S. 73). In erster Ehe mit einem englischen Fabrikanten verheiratet, wurde sie nach der Trennung von ihrem Mann zur radikalen Verfechterin der Frauenemanzipation und erregte durch freizügigen Lebenswandel und freimütige politische Äußerungen solchen Anstoß, dass sie 1846 aus Berlin ausgewiesen wurde. Ihr *Lied einer schlesischen Weberin* entstand um 1847.

Louise Aston

Lied einer schlesischen Weberin

Wenn's in den Bergen rastet,
der Mühlbach stärker rauscht,
Der Mond in stummer Klage
Durch's stille Strohdach lauscht;
Wenn trüb die Lampe flackert
Im Winkel auf den Schrein:
Dann fallen meine Hände
Müd in den Schoß hinein.

So hab ich oft gesessen
Bis in die tiefe Nacht,
Geträumt mit offnen Augen,
Weiß nicht, was ich gedacht;
Doch immer heißer fielen
Die Tränen auf die Händ' –
Gedacht mag ich wohl haben:
Hat's Elend gar kein End? –

Gestorben ist mein Vater, –
Vor kurzem war's ein Jahr –
Wie sanft und selig schlief er
Auf seiner Totenbahr!
Der Liebste nahm die Büchse,
Zu helfen in der Not;
Nicht wieder ist er kommen,
Der Förster schoss ihn tot. –

Es sagen oft die Leute:
„Du bist so jung und schön
Und doch so bleich und traurig.
Sollst du in Schmerz vergehn?" –
„Nicht bleich und auch nicht traurig!"
Wie spricht sich das geschwind,
Wo an dem weiten Himmel
Kein Sternlein mehr ich find'!

Der Fabrikant ist kommen,
Sagt mir: „Mein Herzenskind,
Wohl weiß ich, wie die Deinen
In Not und Kummer sind;
Drum willst du bei mir ruhen
Der Nächte drei und vier,
Sieh dieses blanke Goldstück!
Sogleich gehört es dir!"

Ich wusst' nicht, was ich hörte –
Sei Himmel du, gerecht
Und lasse mir mein Elend,
Nur mache mich nicht schlecht!
O lasse mich nicht sinken!
Fast halt' ich's nicht mehr aus,
Seh ich die kranke Mutter
Und's Schwesterlein zu Haus'!

Jetzt ruhn so still sie alle,
Verloschen ist das Licht,
Nur in der Brust das Wehe,
Die Tränen sind es nicht.
Kannst du, o Gott, nicht helfen,
So lass uns lieber gehn,
Wo drunten tief im Tale
Die Trauerbirken steh'n! –

8. Vergleichen Sie das Gedicht mit *Der Leineweber* von Ludwig Pfau (S.56) und charakterisieren Sie die Art und Weise, wie die Not der Weber von einem Mann und einer Frau erfahren wird.
9. Welche Rolle spielt die von Louise Aston gestaltete Frau in Familie und Gesellschaft?
10. Wie stellen Sie sich den Leser oder die Leserin vor, für die Louise Aston ihr Gedicht geschrieben hat?

Mit verstellter Stimme

Der Denkerclub – Karikatur auf die Unterdrückung der Meinungsfreiheit

Die Aufbruchstimmung der Jahre 1840–48 schlug sich in einer noch nie dagewesenen Fülle an politischen Gedichten und Liedern nieder, und nie zuvor war das Interesse an politischer Lyrik so lebendig wie damals. Allein der Breslauer Professor August Heinrich Hoffmann von Fallersleben (1798–1874) veröffentlichte im genannten Zeitraum die folgenden Gedichtsammlungen:

Unpolitische Lieder (1840–41); *Politische Gedichte aus deutscher Vorzeit* (1843), *Deutsche Lieder aus der Schweiz* (1843), *Hoffmannsche Tropfen* (1844), *37 Lieder für das junge Deutschland* (1848).

Es ist eine Abfolge von Titeln, die zu Interpretationen einlädt. Schon die erste Gedichtsammlung führte dazu, dass Hoffmann 1842 seines Amtes als Professor enthoben wurde, und das, obwohl er seine Gedichte als „Unpolitische Lieder" präsentiert hatte. Auch andere Titel von Gedichtsammlungen geben Auskunft über die zumeist schwierigen Bedingungen, unter denen politische Lyrik damals publiziert wurde: *Verbotene Lieder* (Adolf Glaßbrenner 1844), *Armesünderstimmen* (Erich Dronke 1846), *Zensurflüchtlinge. 12 Freiheitslieder* (Rudolf Gottschall 1843). Viele der Autoren lebten zumindest zeitweilig im Exil, wer in der Heimat blieb, hatte bei allem, was er schrieb, stets die argwöhnische Staatsmacht und ihre Zensoren vor Augen. Man hat die politische Lyrik des Vormärz eine „Literatur unter der Zensur" genannt.

Die Vielfalt und Unterschiedlichkeit ihrer Entstehungsbedingungen führt diese Lyrik zu einer vielfältigen Formensprache, zu beobachten ist eine Neigung zu Maskerade und Versteckspiel. Die Sprechsituation des politischen Gedichts, die durch das Vorhandensein eines „Gegners" gekennzeichnet ist, wird dabei vielfach variiert.

EINE ANSPRACHE AN DEN POLITISCHEN GEGNER?

1846 veröffentlichte Karl Isidor Beck (1817–1859) in seinen *Liedern vom armen Mann* ein Gedicht, dessen Titel sich wie eine Adresse liest: *An Rothschild.* Der Bankier Rothschild galt als die Symbolfigur des Kapitalismus. Becks Gedicht entwirft ein Grundmuster moderner Kapitalismuskritik, es handelt von der Rolle kapitalistischer Wohltätigkeit als Schleier über kapitalistischer Ausbeutung. Sein Pathos des Aufdeckens, Anklagens, des moralischen Ekels ist gespeist vom Glauben an die verändernde Kraft des Appells, der den „wahren Sozialismus" der mittleren vierziger Jahre kennzeichnet.

Karl Isidor Beck

An Rothschild

Ja feilsche nur mit Staaten und mit Thronen,
Befestige deine papierenen Kronen
Bedächtig in deinen weißen Haaren!
Wenn du des Bürgers Mark gesogen,
Erbaue Spitäler und Synagogen.
Es wird der Herr sie segnen und wahren!
Lass dann von hundert erhandelten Leiern
Dein mildes Herz geschwätzig feiern;
Ja kaufe mit deinen verrosteten Dreiern
Dem Frommen den billigen Himmelstrost!
Mir aber graut vor einem Erbarmen,
Das auf dem Markt mit Bettlern kost
Und heimlich mit unersättlichen Armen
Die Fürsten verführt und die Völker verlost;
Mir aber graut vor einem Frommen,
Der stets des eigenen Heils gedenkt,
Großmütig uns in Tropfen schenkt,
Was er mit Eimern uns genommen.

1. Vergleichen Sie diesen Text mit einer gewöhnlichen politischen „Ansprache". Nennen Sie Gemeinsamkeiten und Unterschiede. Was macht Ihrer Meinung nach den „poetischen" Charakter dieses Textes aus?
2. Inszenieren Sie das Gedicht versuchsweise so, als handle es sich um einen dramatischen Monolog. Als Spielraum ist eine Bühne vorgegeben, ausgestattet mit einem einzigen Requisit: einer Statue des Bankiers, die man sich irgendwo seitlich auf ihrem Sockel vorstellen mag, von dankbaren Bürgern gestiftet und aufgestellt. Der Sprecher des Monologs betritt den Bühnenraum durch eine rückwärtige Tür.
   Formulieren Sie genaue Regieanweisungen für den auftretenden Schauspieler und beziehen Sie dabei auch die „Rampe" als den Sprechort ein, der dem Publikum am nächsten ist.
3. Welche Veränderungen ergeben sich im Lauf des Gedichts?
4. Wer ist der „Adressat" des Gedichts? Auf wen will der Sprecher einwirken?
5. Wie ist die These zu verstehen, bei der Überschrift des Gedichts handle es sich um eine „Deckadresse"? Stimmen Sie dieser Auffassung zu?

GEGNER UNTER SICH – GEDICHTE AUS DER „LAUSCHPERSPEKTIVE"

Der aus dem preußischen Stettin gebürtige Robert Prutz (1816–1872) studierte Philosophie, Philologie und Geschichte in Berlin, Breslau und Halle. 1840 wurde er aus Preußen ausgewiesen, 1845 wegen Majestätsbeleidigung angeklagt. 1848 nahm er aktiv an der Revolution in Dresden und Berlin teil.
Im gleichen Jahr erschien sein Gedicht *Der Minister*.

Robert Prutz

Der Minister

Alles um des Volkes willen!
Seht, ich lache selbst im Stillen
Dieser Bibeln und Postillen
Und dass man so gläubig ist:
Ich für mich bin Atheist!
Doch das Volk, das Volk muss glauben!
Glauben heißt der Talisman,
Dem die Erde untertan.
Wir die Adler, sie die Tauben!
Und das Volk, das Volk muss glauben,
Glauben – oder doch so tun.

Täglich in die Kirche laufen,
Himmlische Traktätchen kaufen
Und mit Jordanwasser taufen,
Samt dem christlichen Verein –
Nun, für mich sind's Faselein.
Doch das Volk, das Volk muss beten!
Denkt, o denkt nur den Skandal,
Wenn die Bürger auch einmal
Gottlos wie der Adel täten!
Nein das Volk, das Volk muss beten,
Beten – oder doch so tun.

Ja, wenn ich es recht ermesse,
Kann vielleicht sogar die Presse
Für Beamte und Noblesse
Schon ein wenig freier sein.
Aber für die andern? Nein!
Nein fürwahr, das Volk muss schweigen,
Wer gehorchen will, sei stumm;
Schweigend wird das Publikum
Stets sich am loyalsten zeigen.
Drum das Volk, das Volk muss schweigen,
Schweigen – oder doch so tun.

1. Warum ist der Titel *Der Minister* unentbehrlich für das Verständnis des Gedichts? Erläutern Sie in diesem Zusammenhang, was unter einem „Rollengedicht" zu verstehen ist.
2. Wer wird in diesem Gedicht angesprochen? Sammeln Sie Indizien aus dem Text, die auf den Gesprächspartner des Ministers hinweisen.

3. Ein zeitgenössisches anonymes Gedicht mit dem Titel *Christliche Volkserziehung* beginnt so:

   Lehrt mein Volk hübsch fromme Lieder,
   so sprach der Fürst zu seinem Pfaffen.
   Bückt es mir hübsch zur Erde nieder,
   Um ihm des Himmels Heil zu schaffen.

   Vergleichen Sie diesen Gedichtanfang mit *Der Minister* und beschreiben Sie Gemeinsamkeiten und Unterschiede der dargestellten Sprechsituationen.
4. Wie ist das Gedicht *Der Minister* aufgebaut? Formulieren Sie eine Beschreibung, die auf alle drei Strophen zutrifft.
5. Wer ist mutmaßlicher „Adressat" dieses Gedichts? Wendet es sich an ein gläubiges oder an ein atheistisches Publikum?
6. Übersetzen Sie die in *Der Minister* vorgebrachte Kritik am Verhalten der Herrschenden in eine andere Form und eine andere Perspektive. Stellen Sie sich einen christlichen Laienprediger vor, der zu den Mitgliedern einer – zur offiziellen Amtskirche in Oppostion stehenden – christlichen Bruderschaft spricht. Seine Ansprache könnte so beginnen:
   Liebe Brüder, es bedrückt mich, wenn ich sehe, wie heutzutage viele hochgestellte Herren zu unserem christlichen Glauben stehen …
   Führen Sie die Ansprache weiter.
7. Vergleichen Sie die Sprechsituation der Ansprache mit der des Gedichts. Verwenden Sie dazu die folgenden Begriffe: Adressat, Angesprochener, Autor, Gegenstand, Gegner, Sprecher (alphabetische Reihenfolge).
   Fassen Sie zunächst die Begriffe paarweise zu Gleichungen zusammen (z. B. Autor = Sprecher), und zwar a) für die Ansprache des Laienpredigers, b) für das Gedicht *Der Minister.*
8. Die Sprechsituation des Gedichts *Der Minister* in einer grafischen Darstellung:
   (S = Sprecher, A = Angesprochener; G = Gegenstand)

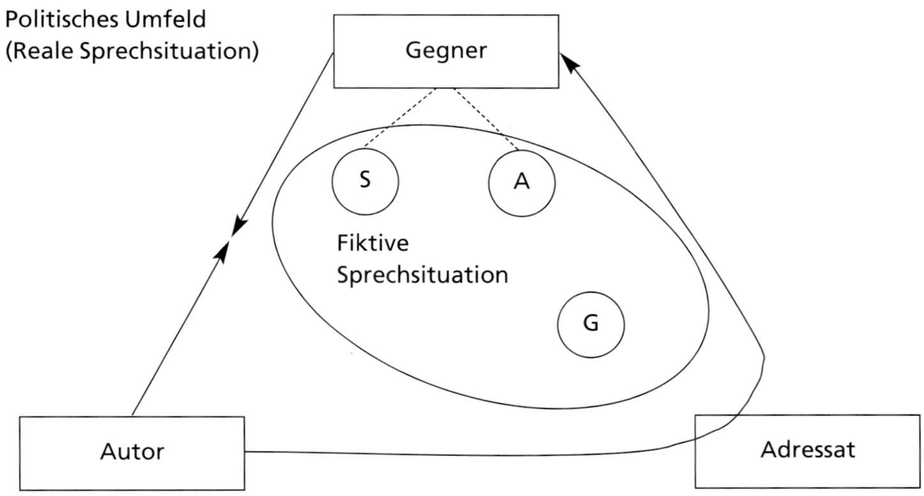

   Erläutern Sie das Schema. Was besagen die Pfeile, was die gestrichelten Linien?
9. Was ist eine „Lauschperspektive"? Erklären Sie diesen Begriff an Hand des Gedichts von Robert Prutz.
10. Wie wirkt die Lauschperspektive auf den Leser?
11. Versuchen Sie die Sprechsituation des Gedichts *An Rothschild* von Karl Isidor Beck (S. 61) mit einer entsprechenden Skizze darzustellen.
12. Wodurch unterscheidet sich politische Lyrik von politischer Rhetorik im Alltag?

DEN GEGNER „ZUR KENNTLICHKEIT ENTSTELLEN" – POLITISCHE SATIRE

Die Formulierung „zur Kenntlichkeit entstellen" stammt von dem Philosophen Ernst Bloch. Der Literaturwissenschaftler W. Preisendanz hat die Wirkung der Satire so beschrieben: „Es gehört [...] wesentlich zur Satire, dass sie ihren Gegenstand durch Verformung erkennbar macht; das Satirische besteht in den verschiedenen Verzerrungs- , Verkürzungs- und Übertreibungsverfahren, denen die gemeinte Wirklichkeit [...] unterworfen wird. Die satirische Darstellung beruht auf dem Prinzip der transparenten Entstellung."
Die politische Literatur des Vormärz hat eine Fülle von satirischen Texten hervorgebracht, auch das Gedicht *Der Minister* von Prutz ist dazu zu rechnen. Zu den bissigsten Satirikern des Vormärz zählt der Berliner Adolf Glaßbrenner (1810–1876). Eines seiner satirischen Gedichte wird hier in zwei Versionen vorgestellt, dem Original und einer „Fälschung". Der Vergleich der beiden Fassungen kann Anstoß dazu geben, über Machart und Wirkung der Satire nachzudenken.

Adolf Glaßbrenner

Der Adlige

A

Ich bin ein Mann mit wicht'ger Miene
Einen Orden auf der Brust,
Trag die Nase hoch und rümpfe
Sie ob der gemeinen Lust.

Wie sie plaudern rings und lachen,
Ich bleib immer ernst und stumm;
Ich hab zweiunddreißig Ahnen
Und bin ungeheuer dumm.

Weiter bin ich nichts hienieden;
Doch ist mein Verdienst nicht klein:
Wenn ich selig einst verstorben,
Werd ich auch ein Ahne sein.

B

Dieser Mann mit wicht'ger Miene
Einen Orden auf der Brust,
Trägt die Nase hoch und rümpft sie
Über die gemeine Lust.

Wie sie plaudern rings und lachen,
Er bleibt immer ernst und stumm;
Er hat zweiunddreißig Ahnen
Und ist ungeheuer dumm.

Weiter ist er nichts hienieden;
Doch ist sein Verdienst nicht klein:
Wenn er selig einst verstorben,
Wird er auch ein Ahne sein.

1. Verdeutlichen Sie sich den Unterschied zwischen beiden Fassungen mit ihrer probeweisen „Inszenierung" vor Publikum. Welche Rolle spielt dabei jeweils der „Adlige"?
2. Lesen Sie beide Fassungen laut vor. Welche erscheint Ihnen als die bessere? Und woran liegt das?
3. Verfassen Sie zu den folgenden Karikaturen von Wilhelm Busch einen satirischen Text mit dem Titel „Der Heilige" (es darf auch ein Gedicht sein). Erproben Sie dabei die Ich-Form und die Er-Form. Welche Unterschiede fallen Ihnen auf?

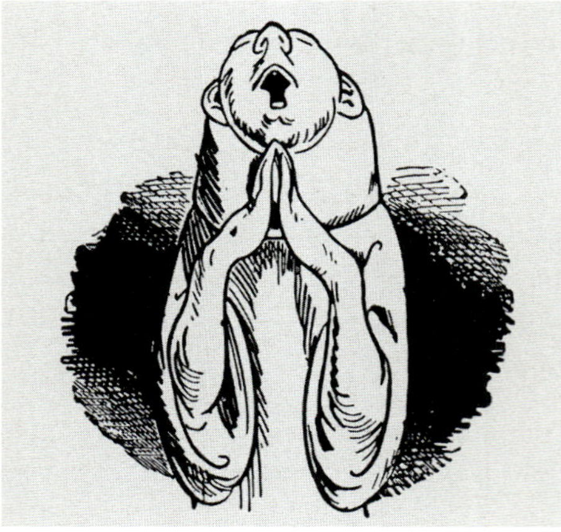

Wilhelm Busch: Zeichnungen aus *Der heilige Antonius von Padua*

DEN GEGNER „VERDUMMEN" – VORMÄRZLICHE IRONIE

Für den Sprachwissenschaftler Harald Weinrich liegt der Wesenszug ironischer Kommunikation darin, „dass neben dem Sprecher und dem Hörer noch eine dritte Person zugegen ist". „Die sprachlichen Mitteilungen [...] spalten sich gleichsam; eine Informationskette geht zum angesprochenen Hörer und sagt Ja, während eine zweite Informationskette zu einem mitangesprochenen Dritten geht und Nein sagt. Diese Informationskette setzt sich aus den Ironiesignalen zusammen. Ihr Code ist ein Geheimcode der Klugen und Gutwilligen. ‚Wer Ohren hat zu hören, der höre'." Adressat der ironischen Kommunikation ist also der „kluge" und „gutwillige" Hörer. Der Hörer, der die Ironiesignale nicht versteht, ist dabei „der Dumme": Er hört nur das, was gesagt wird, ohne herauszuhören, was gemeint ist. Die beiden andern Beteiligten solidarisieren sich gegen ihn und machen sich über ihn lustig. Grafisch lässt sich das so darstellen:

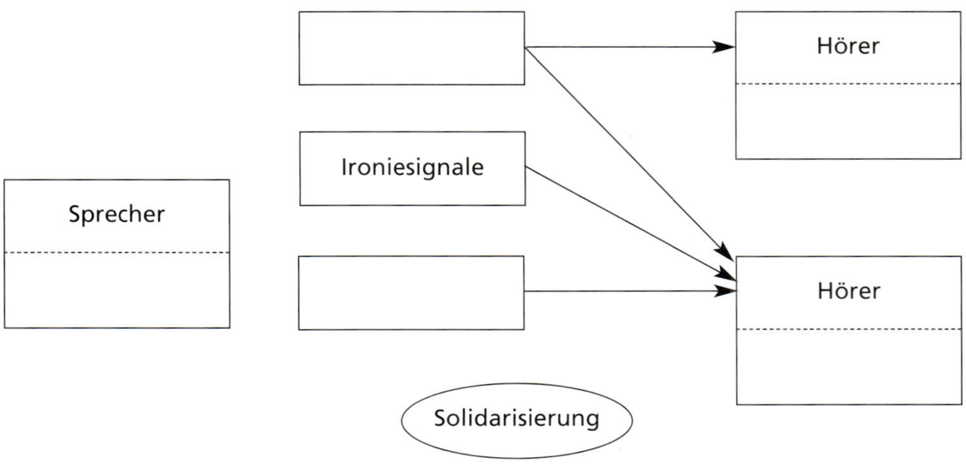

1. Ergänzen Sie das Schema um die Begriffe „dummer" Hörer und „kluger" Hörer sowie „Gesagtes" und „Gemeintes".
2. Ziehen Sie eine Querverbindung von der ironischen zur politischen Kommunikation. Tragen Sie dazu die Begriffe „Autor", „Adressat" und „Gegner"an den passenden Stellen in das Schema ein.
3. Erläutern Sie das Schema im Hinblick auf die Bedeutung, die die Ironie unter der Zensur hatte.
4. Welche Möglichkeiten hat die totalitäre Staatsmacht, mit ihren Zensurbehörden gegen derartige Texte vorzugehen? – Formulieren Sie einen regierungsamtlichen Text zum Thema „Anforderungen an einen Zensor".

DAS LIED VOM BÜRGERMEISTER TSCHECH

Die Zensur schafft ein Treibhausklima für Ironie. Nicht nur die veröffentlichte, jede auch nur halböffentlich geäußerte Meinung ist davon betroffen, dafür sorgt schon der potenzielle Denunziant unter den Zuhörern. Der Lauscher am Nachbartisch übernimmt die Rolle des Zensors, wo kritische Texte unter der Hand oder von Mund zu Mund weitergegeben werden. Auch solche Texte haben ihren Hang zur Ironie und werden um der ironischen Solidarisierung willen weiter vermittelt. Der übermütige Gesang, dessen Text den Mann am Nachbartisch zwar aufhorchen, aber letztlich doch nicht klug werden lässt, stellt so etwas wie den aufs einfachste Modell reduzierten Idealfall ironischer Kommunikation unter der Zensur dar. Der Genuss der Situation steigert sich, wenn der Autor selbst im Schutz der Anonymität verharrt und der jeweilige Vermittler an seine Stelle tritt. Die Verantwortlichkeit ist gemindert, die Wirksamkeit voll gewahrt.
Die Rede ist von dem aus einem aktuellen Anlass des Jahres 1844 entstandenen *Lied vom Bürgermeister Tschech.* Das darin besungene Attentat galt dem preußischen König Friedrich Wilhelm IV., der sich nach seiner – mit großen Hoffnungen verknüpften –

Thronbesteigung im Jahr 1840 als reaktionär entpuppt und zur großen Reizfigur des Vormärz entwickelt hatte. Die Spuren des Liedes lassen sich bis auf wenige Wochen nach dem Attentat zurückverfolgen; in den darauf folgenden Jahren entfaltet der Text des Bänkelsangs ein wucherndes, in zahlreichen Varianten belegtes Eigenleben.

Friedrich Wilhelm IV. in der zeitgenössischen Karikatur:

Friedrich Wilhelm IV.: „Zwischen mich und mein Volk soll sich kein Blatt Papier drängen."

Die sprachlichen Eigentümlichkeiten des Liedes vom Bürgermeister Tschech erschließen sich, wenn man seinen Wortlaut mit dem Text eines fiktiven Zeitungsberichts über das Attentat vergleicht. Dieser Zeitungsbericht ist aus der Sicht der regierenden Staatsmacht geschrieben und in ihrer Sprache gehalten.

Berlin. Um ein Haar wäre unser teures Königspaar gestern einem frechen Attentat zum Opfer gefallen. Der Täter, ein vom Lande stammender Bürgermeister namens Tschech, drang gegen halb acht Uhr im grauen Mantel durch das Schlossportal. Als das Königspaar heraustrat, zog er plötzlich eine Pistole hervor, schoss knapp am Kopf des Königs vorbei und streifte mit seinem Geschoss das Gewand der Landesmutter. Der Wüterich wurde sofort von herbeigeeilten Gendarmen überwältigt und sieht als Hochverräter, der beinahe zum Königsmörder geworden wäre, nunmehr seiner gerechten Bestrafung entgegen.
Seine Majestät der König ließ es sich trotz dieser schweren Erschütterung nicht nehmen, sich auf dem Schlossplatz zu zeigen, wo ihn die Menge begeistert hochleben ließ.
Der Vorfall ist ein neuerlicher Beweis dafür, dass sogar ein Mensch in verantwortlicher Stellung zum Bösewicht werden kann, wenn er den verderblichen Einflüsterungen eines gewissen Zeitgeistes sein Ohr leiht und nicht mehr unseren Gott im Herzen trägt.

1. Formen Sie diesen Text in einen entsprechenden Bericht aus oppositioneller Perspektive um. Beachten Sie dabei jedoch die Existenz einer Zensur.
2. Und nun vergleichen Sie den Text mit dem Lied vom Bürgermeister Tschech, präsentiert in der Fassung von Dieter Süverkrüp.

Anonym

Das Lied vom Bürgermeister Tschech

Aber keiner war so frech
wie der Bürgermeister Tschech,
denn er traf um fast ein Haar
unser teures Königspaar.
Ja, er traf die Landesmutter
durch den Rock ins Unterfutter.

Wie die Uhr war kaum halb achte
und noch niemand Böses dachte,
ist ein Mann im grauen Mantel
durch das Schlossportal gewandelt.
Dies war Tschech, der Hochverräter,
Königsmörder, Attentäter.

Ach, es hat der Bösewicht
unsern Gott im Herzen nicht,
Pickel hat er im Gesicht,
sonsten sah man Böses nicht.
Friedrich Wilhelm trat heraus,
sah noch ganz verschlafen aus.

Tschech zieht sein Pistol hervor,
trifft den König fast ans Ohr,
doch es packt ihn ein Schandarme
an dem frevelhaften Arme.
Man verkeilt den Wüterich
auf der Stelle fürchterlich.

Wie der König ihn erblicket
von Gendarmen rings umstricket
zeigt er plötzlich viel Courage
und ruft nach der Equipage*.
„Auf dem Schlossplatz halt mal still,
weil das Volk mich sehen will.“

Da dreht er sich um und spricht:
„Leute, ick hab nischt gekriegt.“
Dick und fett, es fehlt ihm wenig,
alles brüllt: „Es leb der König!“
Aber Leute hört nun mal
von dem Liede die Moral:

Hatte je ein Mensch so'n Pech
wie der Bürgermeister Tschech,
dass er diesen dicken Mann
auf zwei Schritt nicht treffen kann!

* eine prächtige Kutsche

3. Worin liegt die Gemeinsamkeit zwischen Lied und fiktivem Zeitungsbericht?
4. Suchen Sie nach Ironiesignalen im Lied. An welcher Stelle kommt erstmals der Verdacht auf, das Lied könnte ironisch sein?
5. Ein Bürger im vormärzlichen Preußen ist von einem Gendarmen beim Absingen der ersten vier Strophen des Tschech-Lieds betroffen, aufgegriffen und dem örtlichen Amtsvorsteher zugeführt worden. Der Amtsvorsteher hat sich den Text des Lieds beschafft und ist zum Durchgreifen entschlossen, der Bürger aber ist ein Schlitzohr. Entwerfen Sie den Dialog zwischen beiden.

AUF DER SPUR DES UNGESAGTEN – IRONISCHE GEDICHTE VON GEORG WEERTH

Übrigens werde ich in Zukunft noch vielleicht manche Sachen tun, die deinem Willen und deinen Ansichten total zuwider sind. Ich muss dich ein für allemal bitten, mich meinen eigenen Weg gehen zu lassen; du kannst aber versichert sein, dass ich alles in der reinsten Absicht tue. Ich gehöre zu den „Lumpen-Kommunisten", welche man so sehr mit Kot bewirft und deren einziges Verbrechen ist, dass sie für Arme und Unterdrückte zu Felde ziehen und den Kampf auf Leben und Tod führen.

Georg Weerth (1822–1856)

So schreibt der aus Detmold stammende Kaufmann und Literat Georg Weerth (1822–1856) am 19.7.1845 an seine Mutter. Für seinen Freund Friedrich Engels war Weerth der „erste und bedeutendste Dichter des deutschen Proletariats". Der Sohn eines Theologen studierte nach dem Besuch des Gymnasiums und einer kaufmännischen Ausbildung in Bonn, ab 1843 war er in England in einem Textilunternehmen tätig und lernte dort Friedrich Engels kennen. In den Revolutionsjahren 1848/49 leitete er in Köln das Feuilleton der von Karl Marx herausgegebenen *Neuen Rheinischen Zeitung.*

Die drei nachstehenden Texte entstammen einem Gedicht-Zyklus, der den Titel *Die Not* trägt.

Georg Weerth

Arbeite!

Du Mann im schlechten blauen Kittel,
Arbeite! schaffe Salz und Brot.
Arbeite! Arbeit ist ein Mittel
Probat für Pestilenz und Not.

Arbeite! rühre deine Arme.
Arbeite sechzehn Stunden so!
Arbeite! Nachts ja lacht das warme,
Das Lager dir von faulem Stroh!

Arbeite! hast ja straffe Sehnen.
Arbeite! denk, mit schwangerm Leib
Harrt in der Hütte dein mit Tränen
Ein schönes, leichenbleiches Weib.

Arbeite! Gleich der Stirn der Rinder,
Ist ja die deine breit und dick.
Arbeite! deine nackten Kinder,
Die küssen dich, kehrst du zurück.

Arbeite, bis die Adern klopfen!
Arbeite, bis die Rippe kracht!
Arbeite, bis die Schläfen tropfen –
Du bist zur Arbeit ja gemacht!

Arbeite, bis die Sinne schwinden!
Arbeite, bis die Kraft versiegt!
Arbeite! – wirst ja Ruhe finden,
Wenn dein Gebein im Grabe liegt.

1. Welche Steigerung ist im Verlauf der sechs Strophen des Gedichts erkennbar?
2. Der Titel *Arbeite!* enthält keine Angabe zur Sprechsituation des Gedichts. Prüfen Sie, welche der folgenden Überschriften für das Gedicht in Frage käme:
   a) Der Brotherr an seinen Arbeiter
   b) Sonntagspredigt für einen Proletarier
   c) „Denkzettel" eines Proletariers für einen Kollegen
   Erörtern Sie das Für und Wider dieser drei Vorschläge anhand von Belegen aus dem Text.
3. Welche der im Gedicht enthaltenen Äußerungen über den Arbeiter könnten – aus der Du-Form in die Er-Form übersetzt – in einem Vieraugengespräch unter Fabrikherren fallen?
4. Beschreiben Sie nunmehr Machart und Wirkungweise des Gedichts. Worauf beruht sein ironischer Charakter? Welche Ironiesignale weist es auf?

Im September des Jahres 1844 kamen bei einer Grubenexplosion in Haswell (Durham) 95 Männer und Knaben ums Leben. Das Unglück führte auf Druck der chartistischen* Presse zu einem Untersuchungsausschuss, der skrupellose Missachtung menschlichen Lebens durch die Grubenbesitzer enthüllte. Das hinderte den Untersuchungsrichter allerdings nicht daran, schließlich das heftig kritisierte Urteil zu fällen, es handle sich bei dem Unglück um eine „Visitation of God" (Heimsuchung Gottes). Weerth selbst bezieht sich in einer Anmerkung zu seinem Gedicht auf dieses Urteil. Trotzdem scheint seine Ballade zum Unglück von Haswell die Frage nach dessen Ursachen gar nicht zu stellen, sie konzentriert sich ganz darauf, darzustellen, wie die Hinterbliebenen von den Grubenbesitzern abgefunden werden.

* „Chartisten" nannten sich die seit 1836 erstmals organisierten britischen Arbeiter.

Georg Weerth

Die hundert Bergleute

Die hundert Männer von Haswell,
Die starben an einem Tag,
Die starben zu einer Stunde,
Die starben auf einen Schlag.

Und als sie still begraben,
Da kamen wohl hundert Fraun,
Wohl hundert Fraun von Haswell,
Gar kläglich anzuschaun.

Sie kamen mit ihren Kindern,
Sie kamen mit Tochter und Sohn:
„Du reicher Herr von Haswell,
Nun gib uns unsern Lohn!"

Der reiche Herr von Haswell,
Der stand nicht lange an;
Er zahlte wohl den Wochenlohn
Für jeden gestorbnen Mann.

Und als der Lohn bezahlet,
Da schloss er die Kiste zu.
Die eisernen Riegel klangen,
Die Weiber weinten dazu.

5. Wurde hier eine Strophe weggelassen? Stellen Sie Argumente zusammen, die dafür oder dagegen sprechen.
6. Gesetzt den Fall, es gibt eine weitere Strophe – halten Sie es für wahrscheinlich, dass diese Schlussstrophe mit der Eingangsstrophe identisch ist?
7. Wer wird in diesem Gedicht kritisiert? Der Grubenbesitzer? Staat und Gesellschaft? Die Hinterbliebenen?
   Welcher dieser drei Vorschläge erscheint Ihnen als der plausibelste? Welcher überzeugt Sie am wenigsten?
8. Versuchen Sie sich selbst an einer abschließenden Strophe, gereimt oder auch nicht.
9. Weerth selbst hat für dieses Gedicht zwei verschiedene Titel verwendet:
   a) Die hundert Bergleute
   b) Die hundert Männer von Haswell
   Erläutern Sie, welche unterschiedlichen Akzente jeweils gesetzt werden. Welchen Titel halten Sie für den besseren?

Auch für sein Gedicht, das vom Schicksal eines Schneiders handelt, hat Georg Weerth unterschiedliche Überschriften formuliert, er strich in einer späteren Fassung den ursprünglichen Titel *Es war ein armer Schneider* und ersetzte ihn durch *Der arme Schneider.*

Um auf die besondere Bedeutung der jeweiligen Schlusszeilen der Strophen für das Verständnis und den Charakter des Gedichts aufmerksam zu machen, wird es an dieser Stelle zunächst ohne die Schlusszeilen präsentiert.

Georg Weerth

Der arme Schneider

Es war ein armer Schneider,
Der nähte sich krumm und dumm;
Er nähte dreißig Jahre lang
....

Und als am Samstag wieder
Eine Woche war herum:
Da fing er wohl zu weinen an
....

Und nahm die blanken Nadeln
Und nahm die Schere krumm;
Zerbrach so Scher' als Nadel und –
....

Und schlang viel starke Fäden
Um seinen Hals herum;
Und hat am Balken sich erhängt
....

Er wusste nicht – es tönte
Der Abendglocken Gesumm.
Der Schneider starb um halber acht,
....

10. Das Gedicht ist auch ohne Schlusszeilen verständlich. Woran könnte das liegen?
11. Warum wohl zerbricht der Schneider sein Handwerkszeug, bevor er Hand an sich selbst legt?
12. Formulieren Sie versuchsweise Schlusszeilen für einzelne Strophen.
13. Georg Weerth hat in seinem Gedicht für die fünf Strophen nur zwei Schlusszeilen verwendet:
    a) Und wusste nicht, warum.
    b) Und niemand weiß, warum.
    Erläutern Sie den Unterschied zwischen den beiden Schlusszeilen und machen Sie einen begründeten Vorschlag, wie sie über das Gedicht zu verteilen sind.
14. Wie beurteilen Sie die Aussage „Und niemand weiß, warum"? Wer macht sie?
15. Die erste Zeile von Strophe 5 kann man unterschiedlich betonen,
    entweder „Er *wusste* nicht"
    oder „*Er* wusste nicht".
    Prüfen Sie beide Möglichkeiten. Welche erscheint Ihnen als die plausiblere?
16. Wie könnte eine „Inszenierung" des Gedichts aussehen? Formulieren Sie Regieanweisungen für den Darsteller des Schneiders und den Sprecher.

Sich selbst wegzuwerfen …

Sicher ist der Begriff der „Emanzipation" auch heute vielschichtig. Er war es auch in der Vergangenheit. Eine der ersten Frauen, die darunter die Befreiung der Frau aus einem Zustand der Unterdrückung verstanden, war die Französin Olympe de Gouge*. Sie sah die Emanzipation der Frau durchaus als ein Politikum – und bezahlte teuer für ihre Überzeugung: Sie wurde 1793 hingerichtet. Ihre Gedanken gingen den Männern offenbar zu weit.

* vgl. das Arbeitsheft „Aufklärung", S. 57 ff.

Nun gab es zu jener Zeit und in den Folgejahren sicherlich auch in Deutschland eigenständige, emanzipierte Frauen, vor allem im Umkreis der Romantiker. Zu nennen wären hier beispielsweise Caroline Schlegel oder Sophie Mereau.* Doch sahen diese die Emanzipation vor allem als eine Forderung nach dem Recht auf Selbstverwirklichung. Auch in den ersten Jahrzehnten des 19. Jahrhunderts blieb der Begriff ambivalent. Dichter wie Heine oder Gutzkow verstanden darunter eher moralische Freizügigkeit in Form freier Partnerwahl, weniger jedoch Dinge wie sozialökonomische Gleichstellung und Unabhängigkeit. So kann es nicht verwundern, dass „Emanzipation" – und die damit verbundene Vorstellung! – auch bei den „emanzipierten" Frauen selbst unterschiedlich verstanden wurde. Während die einen den Begriff nach heutigem Verständnis im Sinne des Feminismus interpretierten, sahen die andern darin eher die Forderung nach geistig-intellektueller Gleichstellung der Geschlechter.

* vgl. das Arbeitsheft „Romantik", S. 57 ff.

SEHNSUCHT NACH DER SCHULE – FANNY LEWALD

Fanny Lewald (1811–1889) war das älteste von acht Kindern einer angesehenen Kaufmannsfamilie in Königsberg. Ihr Zuhause war überaus patriarchalisch ausgerichtet, der Vater ein stets auf strengste Disziplin achtender Preuße. Auf Grund ihrer außergewöhnlichen Intelligenz erhielt sie aber, obwohl sie ein Mädchen war, vom Vater eine solide zusätzliche Ausbildung über das hinaus, was ein junges Mädchen zur damaligen Zeit können musste – nämlich vor allem Dinge, die den Haushalt betrafen. Immer wieder bekam sie zu hören, dass es schade sei, dass sie mit ihrer Intelligenz und Lernbereitschaft kein Junge geworden sei. Als sie älter war, kam es zu großen Spannungen, weil sie keine Konvenienzehe eingehen wollte, ihr Vater jedoch verhinderte, dass sie sich einen eigenen Beruf suchte. So lebte sie bis zum Alter von 32 Jahren geduldet, aber von allen Seiten unerwünscht, im Elternhaus. Dann endlich wurde es ihr erlaubt, in Berlin ein eigenständiges Leben als Schriftstellerin zu führen.

Hauptaspekt ihrer publizistischen Tätigkeit ist die Forderung nach gleicher Ausbildung von Mädchen und Jungen als Voraussetzung für den „befreiten Menschen". In den vierziger Jahren gelang ihr mit ihren Romanen der Durchbruch (*Clementine,* 1842, *Der dritte Stand,* 1845, *Eine Lebensfrage,* 1845); sie wurde zu einer der gefragtesten Autorinnen der Zeit und verdiente mehr als genug zum Leben. Fanny Lewald steht in der Tradition der Aufklärung. Ihr Werk ist keine politische Agitation, sondern sie appelliert an Vernunft und Bildungsfähigkeit der Menschen.

Fanny Lewald (1811–1889)

Im Folgenden ein Ausschnitt aus der Beschreibung ihres Alltags als junges Mädchen mit 14 Jahren:

Gar lieblich ist es anzuschaun,
Wenn waschen, bögeln die Jungfraun.
Die schönste Zierde, dass ihr's wisst,
Ist, wenn das Mädchen reinlich ist.

Allwöchentlich wurde das Roggenbrot zu Hause angeteigt, musste zu Hause säuern und besonders bei dem Bäcker gebacken werden. Gab es einen Geburtstag oder ein Fest, so wurde der Kuchen im Hause gebacken. Die Milch kaufte man, wie sie von der Kuh kam, um selbst die Sahne abzuschöpfen; das Bier ließ man in Fässern kommen und füllte es selbst auf Flaschen. Wurst wurde, wenn man es haben konnte, wenigstens einmal im Jahr im Hause gemacht, Schinken und alle Pökel- und Rauchfleischwaren galten für besser, wenn sie nicht vom Schlichter besorgt waren. Um sich vorteilhafter einzurichten, kaufte man je nach der Jahreszeit halbe Hammel, halbe Kälber und halbe Schweine. Dass bei solchen Ansichten alles Federvieh im Hause gemästet, im Hause gerupft wurde, dass man die Federn sammelte und sie schleißen ließ, und dass also natürlich auch alles, was irgend möglich war, im Hause gestrickt, genäht und geschneidert wurde, braucht nicht erst erwähnt zu werden. [...] Dass nach diesen Angaben eine Königsberger Familie viel Raum haben musste, dass Keller, Boden, Kammern und ein Hof unerlässlich, dass mehr Dienstboten dafür nötig waren, versteht sich von selbst. Rechnet man nun noch die fanatische Reinlichkeit meiner Landsmänninnen dazu, für die es damals ein Dogma war, alle Zimmer wöchentlich einmal scheuern zu lassen, eine Gunst, welche den Fluren und Treppen zweimal in der Woche widerfuhr, rechnet man dazu, dass die Spiegel und sogar die Fenster, solange die Kälte dieses bei den letzteren nicht unmöglich machte, wöchentlich geputzt, die Stuben jeden Morgen feucht aufgewischt und nach dem Mittagessen, wo es tunlich war, noch einmal gekehrt und abgestäubt wurden, so entstanden mit dem notwendigen Reinhalten der Küche, der Kammern und des vielen für alle diese Vorräte notwendigen Geschirrs eine nicht endende Arbeit und Unruhe und eine Atmosphäre feuchter Reinlichkeit, in welcher Orchideen und Wasservögel, je nach der Jahreszeit, eigentlich besser an ihrem Platz gewesen wären als wir Menschenkinder.

Dies Fräulein hier spielt schön Klavier,
Das wär schon recht, doch dünkt uns schier,
Du ließest dir was Bessers raten;
auch nähen lernen kann nicht schaden.

Fanny Lewald gibt auch einen Einblick in ihren „Stundenzettel", aus dem hervorgeht, dass sie schon als Kind praktisch den ganzen Tag (von 1 1/2 Stunden Mittagspause abgesehen) beschäftigt war:

Fünf Stunden an jedem Tag saß ich in der Wohnstube, an einem bestimmten Platz am Fenster, und erlernte Strümpfe zu stopfen, Wäsche auszubessern und beim Schneidern und andern Arbeiten Hand anzulegen. Zwei Stunden brachte ich am Klavier zu, eine Stunde langweilte ich mich mit dem Inhalt meiner alten Schulbücher, den ich damals von A bis Z auswendig konnte, eine andere Stunde schrieb ich Gedichte zur Übung meiner Handschrift ab. Dazwischen ging ich Gänge aus der Küche in die Speisekammer und aus der Wohnstube in die Kinderstube, beaufsichtigte ab und zu die drei jüngsten Geschwister und hatte am Abende das niederschlagende Gefühl, den Tag über nichts Rechtes getan zu haben, und einen brennenden Neid auf meine Brüder, welche ruhig in ihr Gymnasium gingen, ruhig ihre Lektionen machten und an denen also lange nicht so viel herumerzogen werden konnte als an mir. Ihr ganzes Dasein erschien mir vornehmer als das meine, und mit der Sehnsucht nach der Schule regte sich in mir das Verlangen, womöglich Lehrerin zu werden und so zu einem Lebensberuf zu kommen, bei dem mich nicht immer der Gedanke plagte, dass ich meine Zeit unnütz hinbringen müsse.

Ein jeder gern aufs Mädchen blickt,
wenn es hübsch fleißig näht und stickt.
Gewöhnt man sich an Arbeit leicht,
dann wird ein schönes Ziel erreicht.

1. Suchen Sie in Illustrierten geeignete Abbildungen und verfassen Sie dazu entsprechende aktuelle Bildunterschriften von heute – vielleicht Gegentexte?
2. Erörtern Sie die Frage, wo die Emanzipation der Frau damals anzusetzen hatte, wenn sie erfolgreich sein sollte – in der Politik, in der Ausbildung, in der Kirche oder anderswo? Und wie ist es heute?

ICH VERWERFE DIE EHE – LOUISE ASTON

Louise Aston (1814–1871)

Zwei Jahre vor der Märzrevolution erschien in Brüssel die Selbstrechtfertigungs-Streitschrift einer jungen Frau: *Meine Emancipation, Verweisung und Rechtfertigung.* Louise Aston, zweiunddreißig Jahre alt, geschieden, sieht sich durch die preußische Regierung in Berlin in dem Recht der freien Persönlichkeit verletzt und in der literarischen Dokumentation ihres „Falls" die einzige Möglichkeit, sich gegen eine staatlich betriebene „öffentliche Denunciation" zur Wehr zu setzen. Sie war aus Berlin ausgewiesen worden, weil ihr ein preußischer Offizier Gedichte blasphemischen Inhalts gewidmet hatte. Man war listig vorgegangen. Der Polizeipräsident hatte die junge Frau einbestellt. Beamte hatten ihr Aussagen zum Thema Liebe und Ehe entlockt, die als mitprotokolliertes „Glaubensbekenntnis" gegen sie verwendet wurden. Ein Jahr später erschien in Hamburg ihr autobiografischer Roman *Aus dem Leben einer Frau,* in dem sie die Unterdrückung der Frau in der „Convenienzehe", die Ausbeutung der arbeitenden Klasse durch die aufblühende Industrie und die Korruption der ökonomisch aufstrebenden Bourgeoisie gleichermaßen kritisierte.

An der Revolution von 1848 beteiligte sich Louise Aston persönlich. Sie kämpfte in Männerkleidern in Berlin, später in Frankfurt auf den Barrikaden, im deutsch-dänischen Krieg war sie als Krankenschwester auf der Seite der Frankfurter und Berliner Freischärler in Schleswig eingesetzt. Sie wurde verwundet. In Berlin redigierte sie eine oppositionelle Zeitschrift, den *Freischärler*, in der sie Belange der politischen Revolution mit dem Thema der Emanzipation der Frau verband. Sie verfasste einen Roman über die Revolutionsereignisse (*Revolution und Contrerevolution,* 1850) und publizierte Gedichte (*Wilde Rosen,* 1889; *Freischärler-Reminiscenzen,* 1850) zum Thema Frauenemanzipation.

So schreibt Louise Aston in ihrer „Streitschrift" *Meine Emanzipation* (Text in zeitgenössischer Orthografie):

Was nun mein Glaubensbekenntniß anbetrifft: so ist dies das Resultat meines Lebens, meiner Schicksale und Studien. Mag es abweichen von dem gewöhnlichen Glauben der Menschen; mag es den Meisten irrig und haltlos erscheinen: es ist meine feste Ueberzeugung, die mir einen festen Halt im Leben giebt. Keiner äußern Gewalt, am wenigsten der Staatsgewalt steht das Recht zu, dies mein innerstes Heiligthum anzutasten, so lange ich für diese Ideen keine äußere Propaganda stifte.
Ich glaube allerdings nicht an die Nothwendigkeit und Heiligkeit der Ehe, weil ich weiß, daß ihr Glück meistens ein erlogenes und erheucheltes ist; daß sie in ihrem Schoße alle Verwerflichkeit und Entartung verbirgt. Ich kann ein Institut nicht billigen, das mit der Anmaßung auftritt, das freie Recht der Persönlichkeit zu heiligen, ihm eine unendliche Weihe zu ertheilen, während nirgends grade das Recht mehr mit Füßen getreten und im Innersten verletzt wird; – ein Institut das mit der höchsten Sittlichkeit prahlt, während es jeder Unsittlichkeit Thor und Thür öffnet; das einen Seelenbund sanktioniren will, während es meistens nur den Seelenhandel sanktionirt. Ich verwerfe die Ehe, weil sie zum Eigenthume macht, was nimmer Eigenthum sein kann: die freie Persönlichkeit; weil sie ein Recht giebt auf Liebe, auf die es kein Recht geben kann; bei der jedes Recht zum brutalen Unrecht wird.
In den Instituten liegt die Unsittlichkeit, nicht in den Menschen; in den Menschen nur in sofern, als ihnen Einsicht und Kraft fehlt, um bessere Verhältnisse zu schaffen. Doch in uns'rem Jahrhundert liegt diese Sehnsucht, dieser hoffnungsreiche Drang und Trieb nach freieren Gestaltungen, welche endlich das rein Menschliche zu seinem Rechte kommen lassen. [...] Sich selbst wegwerfen ist die höchste Schande, und grade diese Schande wird durch die Ehe vor aller Welt zur Ehre gestempelt. Doch zu diesem neuen Cultus der Frauenwürde und Frauenliebe gehört vor allen Dingen eine tiefere Bildung und ein höheres Bewußtsein der Frauen selbst. Das ist die andere Seite einer vernünftigen Frauen-Emancipation, wie sie meiner Seele als Ideal vorschwebt.
Bildung erst giebt dem Leben und der Liebe die höhere Weihe und die innere Freiheit, ohne welche jede äußere Freiheit zur Chimäre wird. Nicht die Bildung des Confirmanden-Unterrichts, nicht die Bildung der Pensions-Institute; nein, das höhere Leben des Gedankens, wozu die Frau von der Natur eben so befähigt und berechtigt ist, als der Mann.

Der wichtigste Grund für die Ausweisung Louise Astons aus Berlin war der freie Lebenswandel einer geschiedenen Frau. Man fürchtete vor allem das Programmatische in diesem Verhalten. Eine Biografin von Louise Aston erklärt das so:

Die Emanzipation der Frau erblickte sie darin, das Recht und die Würde der Frauen in freien Verhältnissen, in einem edlen Kultus der Liebe wiederherzustellen. Für diesen Kultus aber forderte sie eine höhere Bildung als unentbehrlich. [...]

Luise Aston blieb aber nicht bei der Theorie stehen, sondern übertrug sie auf ihr Leben. Da sie für ihr Geschlecht die gleichen Rechte forderte, wie die Männer sie haben, schenkte sie ihre Freundschaft und Liebe dem, der ihr gefiel, und blieb ihm treu, solange die zum Liebesglück erforderliche Harmonie vorhanden war. War diese aber verschwunden, so trug sie kein Bedenken, ein neues Liebesverhältnis einzugehen.

1. Fassen Sie Astons Gedankengang in eigenen Worten zusammen.
2. Vorschlag für eine Arbeit zu zweit: Interviewen Sie Louise Aston. Machen Sie sich zuvor klar, welche Fragen Sie stellen wollen.
   Am Ende des Interviews konfrontieren Sie die Frauenrechtlerin mit der heutigen Situation der Frau, wie Sie sie sehen. Wie wird sie reagieren?
   Bereiten Sie das Interview gezielt vor, indem Sie z. B. im Internet recherchieren.

Der Knecht singt gern ein Freiheitslied

HEINE UND NAPOLEON

Als Heinrich Heine am 13. Dezember 1797 in Düsseldorf geboren wurde, hatte Napoleon mit seinem Feldzug in Italien den Grundstein seiner Macht gelegt. Der Schüler Harry Heine erlebte seinen Einzug in Düsseldorf, der Jura-Student erlebte, wie Europa wieder unter die alten Herrscher aufgeteilt wurde. Die von Napoleon eingeführten Neuerungen (Code Napoléon, Gleichberechtigung jüdischer Bürger) wurden nach dem Wiener Kongress rückgängig gemacht, die Ideen der Französischen Revolution aber blieben – trotz aller romantisch-patriotischen Begeisterung für die „Befreiung" Deutschlands vom Joch des Tyrannen – im Rheinland unvergessen. Eines der ersten Gedichte Heines zeigt zwei Soldaten der „Grande Armée", die ihrem Kaiser auch nach dessen Niederlage in Russland die Treue halten. Heines positive Einstellung zu Napoleon bleibt sein Leben lang bestehen. Sie setzt ihn in Gegensatz zu den deutschen Patrioten, die ihren Nationalstolz aus antifranzösischen Ressentiments entwickelten.

Simon Meister: Napoleon zu Pferde (1832)

Die Grenadiere (1817)

Nach Frankreich zogen zwei Grenadier',
Die waren in Russland gefangen.
Und als sie kamen ins deutsche Quartier,
Sie ließen die Köpfe hangen.

Da hörten sie beide die traurige Mär:
Dass Frankreich verloren gegangen,
Besiegt und zerschlagen das große Heer –
Und der Kaiser, der Kaiser gefangen.

Da weinten zusammen die Grenadier'
Wohl ob der kläglichen Kunde.
Der eine sprach: „Wie weh wird mir,
Wie brennt meine alte Wunde!"

Der andre sprach: „Das Lied ist aus,
Auch ich möcht mit dir sterben,
Doch hab ich Weib und Kind zu Haus,
Die ohne mich verderben."

„Was schert mich Weib, was schert mich Kind,
Ich trage weit bessres Verlangen;
Lass sie betteln gehn, wenn sie hungrig sind –
Mein Kaiser, mein Kaiser gefangen!

Gewähr mir, Bruder, eine Bitt':
Wenn ich jetzt sterben werde,
So nimm meine Leiche nach Frankreich mit,
Begrab mich in Frankreichs Erde.

Das Ehrenkreuz am roten Band
Sollst du aufs Herz mir legen;
Die Flinte gib mir in die Hand,
Und gürt mir um den Degen.

So will ich liegen und horchen still,
Wie eine Schildwach', im Grabe,
Bis einst ich höre Kanonengebrüll
Und wiehernder Rosse Getrabe.

Dann reitet mein Kaiser wohl über mein Grab,
Viel Schwerter klirren und blitzen;
Dann steig ich gewaffnet hervor aus dem Grab –
Den Kaiser, den Kaiser zu schützen!"

1. Das Motiv von der „Wiederkehr" eines Kaisers stammt aus der Sage vom Kaiser Barbarossa. Was mag Heine bewogen haben, eine „deutsche" Sage auf den französischen Kaiser zu übertragen?
2. Die „Napoleon-Romanze" widerspricht dem Napoleonbild der deutschen Restaurationsgesellschaft. Sammeln Sie Material zum Thema „Soldaten in der Grande Armée" und benutzen Sie es für ein eigenes Porträt Napoleons, das als „historischer Hintergrund" für Heines Gedicht dienen kann.
3. Auf Napoleons Russlandfeldzug verloren auch viele deutsche Soldaten in blutigen Schlachten und auf dem Rückzug der „Grande Armée" ihr Leben. Erfinden Sie einen Dialog zwischen einem deutschen, einem russischen und einem französischen Soldaten.

HEINE UND DER ABGESANG DER ROMANTIK

Postkarte des 19. Jahrhunderts

Als Heine in Bonn studierte, begann die Rheinromantik. Man reiste zu Schiff, bewunderte die Burgruinen des Mittelalters am Ufer, erinnerte sich an Siegfried, an Hagen und den im Rhein versenkten Schatz der Nibelungen. Auch Heine zollte dieser Romantik seinen Tribut. Clemens Brentanos Ballade von der Zauberin Lore Lay wird von ihm aufgegriffen und als eine romantische Ortssage zu einem Felsen bei Bacherach im Gedicht vorgestellt.

Heinrich Heine

[Lore-Ley]

Ich weiß nicht, was soll es bedeuten,
Dass ich so traurig bin;
Ein Märchen aus alten Zeiten,
Das kommt mir nicht aus dem Sinn.

Die Luft ist kühl und es dunkelt,
Und ruhig fließt der Rhein;
Der Gipfel des Berges funkelt
Im Abendsonnenschein.

Die schönste Jungfrau sitzet
Dort oben wunderbar,
Ihr goldnes Geschmeide blitzet,
Sie kämmt ihr goldenes Haar.

Sie kämmt es mit goldenem Kamme
Und singt ein Lied dabei;
Das hat eine wundersame,
Gewaltige Melodei.

Den Schiffer im kleinen Schiffe
Ergreift es mit wildem Weh;
Er schaut nicht die Felsenriffe,
Er schaut nur hinauf in die Höh'.

Ich glaube, die Wellen verschlingen
Am Ende Schiffer und Kahn;
Und das hat mit ihrem Singen
Die Lorelei getan.

Philipp Foltz: Die Loreley (1850)

Das Lied wurde – vor allem auch durch seine Vertonungen (Friedrich Silcher) – zum bekanntesten Gedicht Heines und ist es bis heute geblieben. Dabei beruht sein Ruhm möglicherweise auf einer Reihe von Missverständnissen, z. B. dem, das Gedicht drücke ein typisch „romantisches Gefühl" oder „Heimatverbundenheit" aus.

1. Beschreiben Sie in eigenen Worten möglichst genau das „alte Märchen" und untersuchen Sie dann, inwieweit es die Stimmung des Erzählers spiegelt.
2. In einer späteren Gegenüberstellung deutscher und französischer Mentalität sagt Heine, dass den Franzosen „die stille Heimlichkeit, das ahnungs- und erinnerungssüchtige Traumleben" der Deutschen unverständlich bleiben müsse. Wie würden Sie einem Franzosen dieses „deutsche" Lied erklären? Beziehen Sie dazu auch Vertonungen und die beiden Abbildungen ein.
3. Schauen Sie sich das Gemälde von Philipp Foltz und die Kitschpostkarte an. (Es gibt hunderte solcher Postkarten. Am Fuße des Loreley-Felsens blüht eine lebhafte Souvenir-Kultur.) Nehmen Sie die touristische Rhein-Romantik zum Anlass, um eine satirische „Reportage" über den Loreley-Rummel zu verfassen.

ROMANTISCHE UND VORMÄRZLICHE GESELLSCHAFTSKRITIK

Der deutsche „Philister", der brave, aber auch engstirnige Bürger, ist den Romantikern wie später den Dichtern des Vormärz ein Gräuel. Heine hat von Autoren wie Brentano oder E.T.A. Hoffmann die Haltung der „Philisterkritik" übernommen und sie zu einer politischen Kritik gemacht. Wir finden sie in seiner frühen Reise-Prosa (*Die Harzreise, Reise von München nach Genua*) und auch in Gedichten des *Buchs der Lieder.*

Lyrisches Intermezzo 50

Sie saßen und tranken am Teetisch
Und sprachen von Liebe viel.
Die Herren, die waren ästhetisch,
Die Damen von zartem Gefühl.

„Die Liebe muss sein platonisch",
Der dürre Hofrat sprach.
Die Hofrätin lächelt ironisch,
Und dennoch seufzet sie: „Ach!"

Der Domherr öffnet den Mund weit:
„Die Liebe sei nicht zu roh,
Sie schadet sonst der Gesundheit."
Das Fräulein lispelt: „Wieso?"

Die Gräfin spricht wehmütig:
„Die Liebe ist eine Passion!"
Und präsentieret gütig
Die Tasse dem Herren Baron.

Am Tische war noch ein Plätzchen;
Mein Liebchen, da hast du gefehlt.
Du hättest so hübsch, mein Schätzchen,
Von deiner Liebe erzählt.

Lyrisches Intermezzo 51

Vergiftet sind meine Lieder; –
Wie könnt es anders sein?
Du hast mir ja Gift gegossen
Ins blühende Leben hinein.

Vergiftet sind meine Lieder; –
Wie könnt es anders sein?
Ich trage im Herzen viel Schlangen,
Und dich, Geliebte mein.

1. Charakterisieren Sie die einzelnen Sprecher dieser Teegesellschaft und die von ihnen vorgestellten Liebesauffassungen. Entwerfen Sie für die Strophen 2 bis 4 Dialoge, die das im Text sichtbare Verhältnis zwischen Männern und Frauen verdeutlichen.
2. Überlegen Sie eine „Inszenierung" der Teegesellschaft (Kleidung, Gestik, Sprechweise). Welche Position wird dabei der Sprecher einnehmen, welche Rolle würden Sie das „Schätzchen" des Sprechers in dieser Runde spielen lassen?
3. Verwenden Sie das Gedicht *Intermezzo 51* als „Schlüssel" für eine „zweite Lektüre". Wie entwickelt sich die „Bedeutung" der Zeile „Mein Liebchen, da hast du gefehlt"?

REISEBILDER – NATURBILDER

Der Student Heine wandert durch den Harz. Er beobachtet auf dem Brocken die Natur und Menschen, die den Sonnenuntergang bewundern:

Es ist ein erhabener Anblick, der die Seele zum Gebet stimmt. Wohl eine Viertelstunde standen alle ernsthaft schweigend und sahen, wie der schöne Feuerball im Westen allmählich versank; die Gesichter wurden vom Abendrot angestrahlt, die Hände falteten sich unwillkürlich; es war, als ständen wir, eine stille Gemeinde, im Schiffe eines Riesendoms und der Priester erhöbe jetzt den Leib des Herrn und von der Orgel herab ergösse sich Palestrinas ewiger Choral.
Während ich so in Andacht versunken stehe, höre ich, dass neben mir jemand ausruft: „Wie ist die Natur doch im Allgemeinen so schön!" Diese Worte kamen aus der gefühlvollen Brust meines Zimmergenossen, des jungen Kaufmanns. Ich gelangte dadurch wieder zu meiner Werkeltagsstimmung, war jetzt imstande, den Damen über den Sonnenuntergang recht viel Artiges zu sagen und sie ruhig, als wäre nichts passiert, nach ihrem Zimmer zu führen.

Einige Jahre später reist Heine (auf Goethes Spuren) in das von Österreich beherrschte (Ober-)Italien. Napoleons Sieg über den deutschen Kaiser ermutigt ihn auf dem Schlachtfeld von Marengo, gegen den Geist der Restauration an seiner Idee von der „Emanzipation der Menschheit" festzuhalten.

Wie unter einem Triumphbogen von kolossalen Wolkenmassen zog die Sonne herauf, siegreich, heiter, sicher, einen schönen Tag verheißend. Mir aber ward zu Mute wie dem armen Monde, der verbleichend noch am Himmel stand. Er hatte seine einsame Laufbahn durchwandelt in öder Nachtzeit, wo das Glück schlief und nur Gespenster, Eulen und Sünder ihr Wesen trieben: und jetzt, wo der junge Tag hervorstieg, mit jubelnden Strahlen und flatterndem Morgenrot, jetzt musste er von dannen – noch ein wehmütiger Blick nach dem großen Weltlicht, und er verschwand wie duftiger Nebel.

1. Vergleichen Sie die Schilderungen des Sonnenuntergangs aus der *Harzreise* und die des Sonnenaufgangs aus der *Reise von München nach Genua*. Welche Bedeutung wird jeweils der Natur zugewiesen? Wie sind die Beobachtung / Beschreibung der Natur und die Betrachtung der menschlichen Verhältnisse einander zugeordnet?

Heinrich Heine (1797–1856)
Porträt-Radierung von Emil Ludwig Grimm, 1827

HEINE UND PARIS: FREIHEITSPHILOSOPHIE IN POETISCHER EINKLEIDUNG

Gleich nach den Nachrichten vom Ausbruch der Julirevolution 1830 begibt sich Heine nach Paris, um aus dem Zentrum der europäischen Freiheitsentwicklung zu berichten. Er weiß nicht, dass sein Aufenthalt als Korrespondent der *Augsburger Allgemeinen Zeitung* sich in ein lebenslanges Exil verwandeln wird. Seine Rückkehr nach Deutschland wird aufgrund der politischen Entwicklung (1835 Verbot seiner Schriften durch Beschluss der Bundesversammlung gegen das Junge Deutschland, Haftbefehl) unmöglich.
Heine ist sehr schnell in das Pariser Kulturleben integriert, berichtet nach Deutschland über Theater, Musikereignisse und Gemäldeausstellungen. Aber seine Kulturberichte sind immer auch politische Kommentare. Im Louvre wird das unter dem Eindruck der Julirevolution gemalte Bild von Delacroix „Die Freiheit führt das Volk auf die Barrikaden" ausgestellt. Heine nutzt es, um erneut eine Momentaufnahme aus dem „Befreiungskriege der Menschheit" aufzuzeichnen.

Eine Volksgruppe während den Juliustagen ist dargestellt, und in der Mitte, beinahe wie eine allegorische Figur, ragt hervor ein jugendliches Weib mit einer phrygischen Mütze auf dem Haupte, eine Flinte in der einen Hand und in der andern eine Tricolore. [...] Diese Figur scheint die wilde Volkskraft, die eine fatale Bürde abwirft, darzustellen. Ich kann nicht umhin zu gestehen, diese Figur erinnert mich an jene peripatetischen Philosophinnen, an jene Schnellläuferinnen der Liebe oder Schnellliebende, die des Abends auf den Boulevards umherschwärmen; ich gestehe, dass der kleine Schornsteinkupido[1], der, mit einer Pistole in der Hand, neben dieser Gassenvenus steht, vielleicht nicht allein von Ruß beschmutzt ist; dass der Pantheonskandidat[2], der tot auf dem Boden liegt, vielleicht den Abend vorher mit Kontremarken[3] des Theaters gehandelt; dass der Held, der mit seinem Schießgewehr hinstürmt, in seinem Gesichte die Galeere und in seinem hässlichen Rock gewiss noch den Duft des Assisenhofes[4] trägt; – aber das ist es eben, ein großer Gedanke hat diese gemeinen Leute, diese Crapüle[5], geadelt und geheiligt und die entschlafene Würde in ihrer Seele wieder aufgeweckt.
Heilige Julitage von Paris! ihr werdet ewig Zeugnis geben von dem Uradel der Menschen, der nie ganz zerstört werden kann.
[1832]

Eugène Delacroix: La liberté conduisant le peuple (Ausschnitt)

1 Schornsteincupido: (iron.) römischer Liebesgott (Cupido), der sich unter die Proletarier gemischt hat
2 Pantheonskandidat: (iron.) das Pantheon dient in Paris als Mausoleum berühmter Männer (dort ist auch Napoleon beigesetzt)
3 Kontremarke: erlaubt den Eintritt ins Theater nach Beginn der Vorstellung
4 Assisenhof: Geschworenengericht
5 Crapüle: (verächtl.) niederes Volk, Gesindel

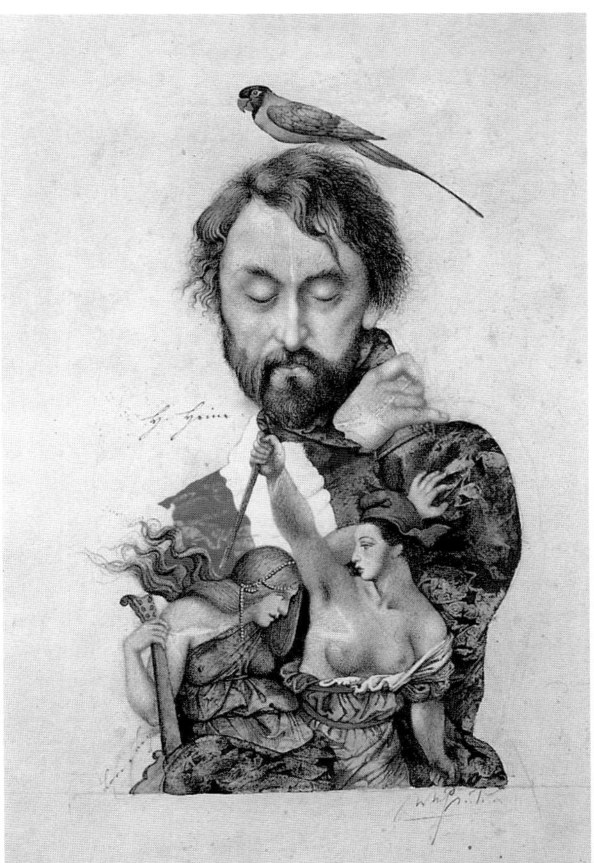
Michael Matthias Prechtl:
Heinrich Heine,
Loreley & Liberté (1984)

1. Beschreiben Sie selbst Delacroix' Bild und versuchen Sie dessen revolutionären Gehalt herauszuarbeiten.
2. Beschreiben Sie die Bildmontage Prechtls als „Zusammenfassung" der Heineschen Position zwischen Deutschland und Frankreich, der Romantik und dem Vormärz. (Anm.: Der Papagei auf Heines Kopf erinnert an den von Heines Freundin / Frau; Heine war auf den Papagei eifersüchtig.)
3. Verwenden Sie einzelne Bildmotive zu einer Text-Bild-Collage, in der die beiden Frauen in einen Dialog eingebunden sind und Heine die Rolle des Sprechers innehat.

HEINE UND DIE FRANZÖSISCHE FRIVOLITÄT

Von Paris aus schockierte Heine das bürgerliche deutsche Publikum mit Gedichten, in denen freie Liebesverhältnisse zur Sprache gebracht wurden. Unter dem Titel *Verschiedene* fasste er sie zu Zyklen zusammen, die den Eindruck erweckten, hier würden in der Abfolge der Frauennamen Stationen unzähliger Liebschaften vorgestellt. Man warf Heine, wie den Franzosen überhaupt, „Frivolität" und „Sittenlosigkeit" vor. Dabei ging es diesem in erster Linie um die Darstellung der „anderen Seite" des bürgerlichen Lebens in der Großstadt Paris.

Katharina 5

Ich liebe solche weiße Glieder,
Der zarten Seele schlanke Hülle,
Wildgroße Augen und die Stirne
Umwogt von schwarzer Lockenfülle!
Du bist so recht die rechte Sorte,
Die ich gesucht in allen Landen;
Auch meinen Wert hat euresgleichen
So recht zu würdigen verstanden.
Du hast an mir den Mann gefunden,
Wie du ihn brauchst. Du wirst mich reichlich
Beglücken mit Gefühl und Küssen,
Und dann verraten, wie gebräuchlich.

Angélique 8

Schaff mich nicht ab, wenn auch den Durst
Gelöscht der holde Trunk;
Behalt mich noch ein Vierteljahr,
Dann hab auch ich genung.
Kannst du nicht mehr Geliebte sein,
Sei Freundin mir sodann;
Hat man die Liebe durchgeliebt,
Fängt man die Freundschaft an.

1. Welche Beziehung zwischen den Geschlechtern kommt in den Gedichten zum Ausdruck, welche Einstellung der Partner zur Liebe?
2. Suchen Sie in Anthologien von (Liebes-)Gedichten ähnliche Beispiele von „Beziehungslyrik" und vergleichen Sie.
3. Stellen Sie selbst (in einer Gruppe) einen „Zyklus" von Prosagedichten (eigenen und „gefundenen") zusammen, in dem typische „Stationen" einer modernen Beziehung vorgestellt werden.

PATRIOTISMUS – KOSMOPOLITISMUS, VATERLANDSLIEBE IM EXIL

Gegen den antifranzösischen, deutschtümelnden Patriotismus setzte Heine seine im Exil entwickelte Vaterlandsliebe. Sie ist eine aus der romantischen Liebe zum Volk lebende Haltung, die besonders sensibel die Verletzung der Rechte der Bevölkerung auf ein menschenwürdiges Leben, auf bürgerliche Freiheit sowie das Anrecht auf Schutz vor Willkür hervorhebt. Heines Vaterlandsliebe ist sehr häufig mit einer Kritik an den in Deutschland herrschenden politischen Zuständen verbunden.

Deutscher Patriotismus (1833)

Kein Volk hegt mehr Anhänglichkeit für seine Fürsten wie das deutsche, und mehr noch als der traurige Zustand, worin das Land durch den Krieg und die Fremdherrschaft geraten, war es der jammervolle Anblick ihrer besiegten Fürsten, die sie zu den Füßen Napoleons kriechen sahen, was die Deutschen aufs unleidlichste betrübte; [...] Wir hätten auch den Napoleon ganz ruhig ertragen. Aber unsere Fürsten, während sie hofften, durch Gott von ihm befreit zu werden, gaben sie auch zugleich dem Gedanken Raum, dass die zusammengefassten Kräfte ihrer Völker dabei sehr mitwirksam sein möchten; man suchte in dieser Absicht den Gemeinsinn unter den Deutschen zu wecken, und sogar die allerhöchsten Personen sprachen jetzt von deutscher Volkstümlichkeit, vom gemeinsamen deutschen Vaterlande, von der Vereinigung der christlich-germanischen Stämme, von der Einheit Deutschlands. Man befahl uns den Patriotismus, und wir wurden Patrioten; denn wir tun alles, was uns unsere Fürsten befehlen. Man muss sich aber unter diesem Patriotismus nicht dasselbe Gefühl denken, das hier in Frankreich diesen Namen führt. Der Patriotismus des Franzosen besteht darin, dass sein Herz erwärmt wird, durch diese Wärme sich ausdehnt, sich erweitert, dass es nicht mehr bloß die nächsten Angehörigen, sondern ganz Frankreich, das ganze Land der Zivilisation, mit seiner Liebe umfasst. Der Patriotismus des Deutschen hingegen besteht darin, dass sein Herz enger wird, dass es sich zusammenzieht wie Leder in der Kälte, dass er das Fremdländische hasst, dass er nicht mehr Weltbürger, nicht mehr Europäer, sondern nur ein enger Deutscher sein will. Da sahen wir nun das idealische Flegeltum, das Herr Jahn* in System gebracht; es begann die schäbige, plumpe, ungewaschene Opposition gegen eine Gesinnung, die eben das Herrlichste und Heiligste ist, was Deutschland hervorgebracht hat, nämlich gegen jene Humanität, gegen jene allgemeine Menschenverbrüderung, gegen jenen Kosmopolitismus, dem unsere großen Geister Lessing, Herder, Schiller, Goethe, Jean Paul, dem alle Gebildeten in Deutschland immer gehuldigt haben.

Was sich bald darauf in Deutschland ereignete, ist euch allzu wohl bekannt. Als Gott, der Schnee und die Kosaken die besten Kräfte des Napoleon zerstört hatten, erhielten wir Deutsche den allerhöchsten Befehl, uns vom fremden Joche zu befreien, und wir loderten auf in männlichem Zorn ob der allzu lang ertragenen Knechtschaft, und wir begeisterten uns durch die guten Melodien und schlechten Verse der Körnerschen Lieder, und wir erkämpften die Freiheit; denn wir tun alles, was uns von unseren Fürsten befohlen wird.

* „Turnvater Jahn", der zwar die herrschende Politik kritisiert, aber eine Position der Deutschtümelei vertreten hat

NACH 1848: EINE SKEPTISCHE STIMME AUS DER „MATRATZENGRUFT"

Der Ausbruch einer seit längerem schwelenden Rückenmarkserkrankung fesselt Heine seit dem Frühjahr 1848 ans Bett. Die Revolutionsereignisse in Paris und auch die in Deutschland verfolgt er von seiner „Matratzengruft" aus. In den acht Jahren, die er noch zu leben hat, entstehen viele Gedichte (*Romanzero*, 1851, *Gedichte 1853–54*). Die Perspektive, unter der er nun jüdische, historische und private Themen behandelt, zeigt, dass er seine Leitideen beibehalten hat. Unter der Oberfläche einer skeptischen, manchmal melancholischen Bewertung der Menschen und der Zeit bleibt die Überzeugung, dass der Dichter an der „Emanzipation der Menschheit" arbeiten soll, erhalten.

Karl I. (1851)

Im Wald, in der Köhlerhütte, sitzt
Trübsinnig allein der König;
Er sitzt an der Wiege des Köhlerkinds
Und wiegt und singt eintönig:

„Eiapopeia, was raschelt im Stroh?
Es blöken im Stalle die Schafe –
Du trägst das Zeichen an der Stirn
Und lächelst so furchtbar im Schlafe.

Eiapopeia, das Kätzchen ist tot –
Du trägst auf der Stirne das Zeichen –
Du wirst ein Mann und schwingst das Beil,
Schon zittern im Walde die Eichen.

Der alte Köhlerglaube verschwand,
Es glauben die Köhlerkinder –
Eiapopeia – nicht mehr an Gott,
Und an den König noch minder.

Das Kätzchen ist tot, die Mäuschen sind froh –
Wir müssen zuschanden werden –
Eiapopeia – im Himmel der Gott
Und ich, der König auf Erden.

Mein Mut erlischt, mein Herz ist krank,
Und täglich wird es kränker –
Eiapopeia – du Köhlerkind,
Ich weiß es, du bist mein Henker.

Mein Todesgesang ist dein Wiegenlied –
Eiapopeia – die greisen
Haarlocken schneidest du ab zuvor –
Im Nacken klirrt mir das Eisen.

Eiapopeia, was raschelt im Stroh –
Du hast das Reich erworben
Und schlägst mir das Haupt vom Rumpf herab –
Das Kätzchen ist gestorben.

Eiapopeia, was raschelt im Stroh?
Es blöken im Stalle die Schafe.
Das Kätzchen ist tot, die Mäuschen sind froh –
Schlafe, mein Henkerchen, schlafe!"

1. Wählen Sie ein Schlaflied / Kinderlied, das Sie kennen, aus und wenden Sie es auf ein Ihnen wichtiges politisches Thema an. Protokollieren Sie dabei, wie sich Ihr Thema durch die Verbindung mit dem Kinderlied „verändert".

Gelähmt, gefesselt in seiner „Matratzengruft", hadert Heine wie einst Hiob mit Gott. In den Zyklen *Lazarus* (in *Romanzero*, 1851 und *Gedichte 1853–1854)* beschreibt er unter dem Namen eines bereits Begrabenen seine Erfahrungen und Empfindungen. Diese „autobiografischen" Gedichte zeigen, dass er bis zu seinem Tode sein persönliches Schicksal mit der allgemeinen Frage nach dem Sinn menschlichen Leidens verbindet.

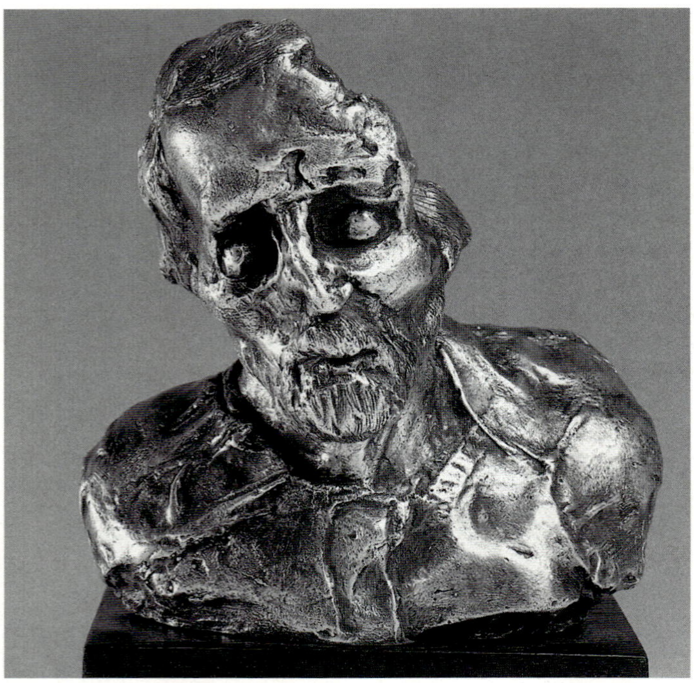

Porträtbüste: Heinrich Heine oder ein Lazarusgesicht II. Vexierporträt von Bert Gerresheim (1978)

Zum Lazarus 1

Lass die heil'gen Parabolen,
Lass die frommen Hypothesen –
Suche die verdammten Fragen
Ohne Umschweif uns zu lösen.

Warum schleppt sich blutend, elend,
Unter Kreuzlast der Gerechte,
Während glücklich als ein Sieger
Trabt auf hohem Ross der Schlechte?

Woran liegt die Schuld? Ist etwa
Unser Herr nicht ganz allmächtig?
Oder treibt er selbst den Unfug?
Ach, das wäre niederträchtig.

Also fragen wir beständig,
Bis man uns mit einer Hand voll
Erde endlich stopft die Mäuler –
Aber ist das eine Antwort?

2. Auf welche „heil'gen Parabolen" bezieht sich Heine mit seinen unbeantworteten „Fragen"? Rekonstruieren Sie so weit als möglich den gedanklichen (kulturellen) „Hintergrund", den der Sprecher dieses Gedichts aufruft.
3. Der Künstler Bert Gerresheim hat 1978 eine Porträtbüste des Dichters geschaffen (Bronze versilbert). Welches sind die möglichen Botschaften, die diese Büste den Betrachtern über den Dichter Heine mitteilt?
4. Verfassen Sie selbst ein Gedicht auf Heinrich Heine, in dem Sie auf Spuren Ihrer Heine-Lektüre zurückgreifen.

Kurzbiografien

Ludwig Börne (d. i. Löb Baruch, 1786–1837) gilt als einer der Väter des Feuilletons. In seiner Tätigkeit für Zeitschriften hatte er ständig mit der Zensur zu kämpfen. 1830 emigrierte er nach Paris, wo sein bekanntestes Werk entstand, die *Briefe aus Paris* (1832–34). In leichtem Stil scheint er darin über französische Verhältnisse zu schreiben, doch lassen sich seine Ausführungen stets auf die politischen Verhältnisse in Deutschland beziehen.

August Heinrich Hoffmann von Fallersleben (1798–1874) studierte Literaturgeschichte und deutsche Philologie, wurde dann Professor in Breslau, wo er die beiden Bände der *Unpolitischen Lieder* veröffentlichte (1840/41). Diese Bände hatten seine Verweisung von der Universität und ein unstetes Wanderleben zur Folge. Neben der deutschen Nationalhymne verfasste er zahlreiche bekannte Kinderlieder.

Ferdinand Freiligrath (1810–1876) veröffentlichte 1838 eine erste Sammlung seiner Gedichte, die höchst erfolgreich war. Dies gab den Ausschlag dafür, dass er fortan als freier Schriftsteller lebte. Nach wechselvollen Jahren mit Verhaftung, Freispruch, mehrmaliger Flucht ins Ausland etc. wurde er 1865 in England stellungslos. Seine Freunde in Deutschland riefen zu einer Spendenaktion auf, die ein kolossaler Erfolg für den populären Dichter wurde und die Riesensumme von 60 000 Talern einbrachte. Freiligrath konnte nach der Amnestie für politische Vergehen nach Deutschland zurückkehren, wo er 1876 starb.

Georg Herwegh (1817–1875) verbrachte einige Jahre in der Schweiz, wo 1841–43 seine *Gedichte eines Lebendigen* erschienen, die postwendend in Preußen verboten wurden, nichtsdestoweniger aber sehr populär waren. 1843 ging Herwegh nach Paris, später lebte er in der Schweiz. Nach der Amnestie zog er nach Baden-Baden und schrieb Lieder für die Sozialdemokratische Arbeiterpartei.

Gottfried Kinkel (1815–1882) war aktiv am badischen Aufstand beteiligt, wurde zu lebenslänglicher Haft verurteilt, konnte aber nach England fliehen. Zu seiner Zeit war er ein überaus populärer Schriftsteller.

Heinrich Laube (1806–1884) studierte zunächst Theologie, wurde jedoch auf Grund von Kontakten zur Burschenschaft 1827 exmatrikuliert und wechselte nach Breslau. 1835 wurden seine Werke per Bundestagsbeschluss als dem Jungen Deutschland zugehörig indiziert. 1848/49 gehörte er dem Frankfurter Parlament an; 1849 bis 1867 arbeitete er als Intendant des Wiener Burgtheaters, anschließend war er Direktor des Leipziger und des Wiener Stadttheaters.

Ludwig Pfau (1821–1894) gründete 1848 mit dem *Eulenspiegel* das erste deutsche Karikaturenblatt. Im selben Jahr musste er in die Schweiz flüchten. Erst 1863 kehrte er nach Deutschland zurück.

Ludolf Wienbarg (1802–1872) musste lange Jahre auf Grund seines unsteten Lebenswandels mit Existenznot kämpfen, bis er 1833 überaus erfolgreiche Vorlesungen in Kiel hielt, die er im Jahr darauf unter dem Titel *Ästhetische Feldzüge* auch veröffentlichte. Das Werk machte ihn schlagartig bekannt. Nun arbeitete er weiter als Publizist und engagierter Vertreter der Literatur des „Jungen Deutschland"; unter diesem Begriff fasste er die zeitgenössischen fortschrittlich denkenden Schriftsteller zusammen, womit er eine Epochenbezeichnung prägte.

Vorschlag für Kurzreferate über weitere Autoren der Zeit:
Karl Isidor Beck
Adolf Glaßbrenner
Jeremias Gotthelf
Christian Dietrich Grabbe
Karl Gutzkow
Karl Leberecht Immermann
Nikolaus Lenau
Theodor Mundt
Johann Nepomuk Nestroy
August Graf von Platen
Robert Prutz
Georg Weerth

Wann starb XY?

EIN DENKMAL GIBT RÄTSEL AUF

Uwe Johnson

Denkmal für – – –

Im Bezirk Bronx der Stadt New York, drei oder vier Blocks von der U-Bahn-Station 161. Straße oder vom alten Yankee-Stadion nach Osten, suchen die wenigsten Touristen einen kleinen Park. Hier steht auf einer Säule eine Dame von heldenhafter Figur und Gewandung, denn sie ist gänzlich aus Marmor. Während sie gefährlich nach Süden blickt, darf der Besucher an drei Seiten der Säule Flachreliefs betrachten: einen deutschen Dichter, eine Sphinx mit einem jungen Mann in den Armen sowie auch einen anderen jungen Mann beim Drachentöten. Die Säule steht wiederum auf einer Marmorplatte, die mit Tieren des Wassers verziert ist. Umgeben ist die Gruppe von einem großen Becken, das der Anlage die Bezeichnung Fontäne verschafft hat. Die heidnische Person obenauf ist – – – , und das Ganze ist jenes Denkmal für – – – , das eine Elisabeth von Österreich und Ungarn den Bürgern seiner Geburtsstadt hatte schenken wollen, zu ihrem bekannten Unwillen. Mehr als zehn Jahre später wurde es von den Deutsch-Amerikanischen Gesellschaften der Stadt New York hier aufgestellt, in einer noch lange nicht rein jüdischen Bronx, und nämlich mit der Inschrift „Ihrem großen Dichter die Deutschen in Amerika". Das war am 8. Juli 1899, und noch fünfzig Jahre später waren die Schlussfolgerungen nicht eben beliebig.

1. Welche „heidnische Person" stellt die „Dame" dar? Wie viele Buchstaben hat ihr Name?
2. Welchem deutschen Dichter ist das Denkmal gewidmet? – Wie viele Buchstaben hat seine Heimatstadt (Umlaute = 2 Buchstaben)?
3. Addieren Sie beide Zahlen.

WER WAR'S?

Schwermut durchzog sein Werk. In seinen Gedichten findet sich neben romantischem Naturverständnis die Hoffnung auf Freiheit und Demokratie, vor allem aber die melancholische Klage über die eigene Zerrissenheit und der Lebensekel vor einer hinfälligen Welt. Am Ende eines seiner Hauptwerke stehen folgende, für ihn typische Zeilen:

Woher der düstre Unmut dieser Zeit,
Der Groll, die Eile, die Zerrissenheit? –
Das Sterben in der Dämmerung ist schuld
An dieser freudenarmen Ungeduld;
Herb ist's das lang ersehnte Licht nicht schauen,
Zu Grabe gehn in seinem Morgengrauen.
Und müssen wir vor Tag zu Asche sinken,
Mit heißen Wünschen, unvergoltnen Qualen,
So wird doch in der Freiheit goldnen Strahlen
Erinnerung an uns als Träne blinken.

Eigentlich hieß er Niembsch, Franz N. Niembsch. Sein Vater, Unterleutnant und ein notorischer Säufer und Spieler, der die Familie an den Rand der Armut brachte, starb 1807 und ließ den damals Fünfjährigen mit seinen zwei Schwestern und seiner Mutter zurück. Schließlich zog er zu seinen Großeltern, die ihm ein Studium verschiedener Fakultäten in Wien ermöglichten. 1820 war sein Großvater geadelt worden („Edler von …"), und mit ihm erhielten auch alle männlichen Nachkommen diesen Titel. 1830 wählte Niembsch schließlich das Pseudonym, unter dem er berühmt wurde. Sein Studium zog sich bis 1832 hin; es war begleitet von mehreren unglücklichen Liebesbeziehungen. 1832 erschien auch der erste Band mit Gedichten und der Dreißigjährige entschloss sich nach Amerika auszuwandern, in das gelobte Land der Freiheit und der Demokratie. Allerdings wurden seine Erwartungen brutal enttäuscht. Nur eine Woche nach seiner Ankunft schrieb er an einen Freund:

Lesetipp
Peter Härtling: Niembsch oder der Stillstand (1964)

Bruder, diese Amerikaner sind himmelanstinkende Krämerseelen. Tot für alles geistige Leben, maustot […]. Eine Niagarastimme gehört dazu, um diesen Schuften zu predigen, dass es noch höhere Götter gebe als die im Münzhause geschlagen werden.

Diese Niagarafälle wollte er unbedingt sehen. Sie sollten für ihn Anregung zu großer Dichtung sein, und sein Gedicht *Niagara* lässt seine Intentionen erkennen: So, wie das Wasser dem Sturz entgegenrauscht, ist auch der Mensch dem Untergang geweiht.
Völlig desillusioniert kehrte er aus den, wie er sagte „verschweinte[n], nicht vereinte[n] amerikanische[n] Staaten" zurück, „wieder um eine schöne Illusion ärmer, und um ein großes resignirter". Die nächsten Lebensjahre sind von einer tiefen weltanschaulichen Krise des Dichters geprägt. Erst in den vierziger Jahren gelang es ihm, sich aus der Krise zu lösen und neben seinem Hauptwerk, den *Albigensern,* den damals sehr populären Gedichtzyklus der *Waldlieder* zu schreiben. Gleichzeitig jedoch verschlechterte sich sein Gesundheitszustand: Die amerikanische Reise sollte ihn nämlich so, wie er dies in seinem Niagara-Gedicht beschrieben hatte, dem Tode näher bringen, denn er hatte sich in der Neuen Welt die Syphilis geholt, die dann dazu beitrug, dass er im Jahre 1844 in geistige Umnachtung fiel und schließlich 1850 starb. – Wer war's?

Der Dichter ca. im Jahre 1848

1. Addieren Sie die Zahl der Buchstaben des Pseudonyms, unter dem der Mann bekannt wurde.

DAS DEUTSCHE RÄTSELBUCH (1850)

Das

deutſche Räthſelbuch.

Geſammelt

von

Karl Simrock.

Frankfurt a. M.

1) Die Violine hat ein G. Wer hat zwei G?
2) Was iſt das? Ein Mannsbild und ein Weibsbild dürfen es thun, zwei Mannsbilder auch, aber nicht zwei Weibsbilder?
3) Wer hat es bequemer, der Kaffe oder der Thee?
4) Was findet ein Narr gewiß?
5) Ich werde geſtern ſein, bin morgen dageweſen.
6) Es geht über Gott. Manchem ſchmeckt es gut. Wenn man zu viel davon ißt, ſtirbt man.
7) Wer hat die meiſten Kinder im Dorfe?
8) Ein reicher Mann hatte eine Tochter mit Namen Eliſabeth. Ein junger Mann, der ſein reichliches Auskommen hatte, bot ihr ſeine Hand; er war aber dem Vater nicht reich genug und zog mit einem Korbe ab. Bald darauf verlor der reiche Mann ſein Vermögen; in Folge deſſen ließ er jetzt dem abgewieſenen Freier die Hand ſeiner Tochter anbieten. Aber dieſer erwiderte, er wolle ihm auf dieſen Antrag mit zweien Worten antworten und dieſe Worte lägen in dem Namen ſeiner Tochter. Welche Worte waren das?

Karl Joseph Simrock war zu seiner Zeit eine Berühmtheit. Als dreizehntes Kind eines Musikers kam er 1802 zur Welt. Er besuchte das Gymnasium, studierte Rechtswissenschaften und wurde nach Abschluss des Studiums Referendar am Berliner Kammergericht. Unter dem Eindruck der Julirevolution in Frankreich schrieb er das begeisterte Gedicht *Drei Tage und drei Farben*, in dem es unter anderem heißt:

Große Dinge hat die Zeit geboren,/ Groß und wunderthätig ist die Zeit:/ In drei Tagen ward ein Thron verloren, / In drei Tagen ward ein Volk befreit.

Simrock wurde sofort aus dem Justizdienst entlassen, hatte aber auf Grund vielfältiger und wissenschaftlich anerkannter philologischer Arbeiten ein gesichertes Auskommen und wurde schließlich Professor für Kunst und Literatur. Er schrieb Übersetzungen, veröffentlichte Anthologien zu Volksbüchern und Volksliedern, verfasste Kinderbücher – und stellte 1850 *Das deutsche Räthselbuch* zusammen, das ein großer Erfolg wurde und eine pädagogische Tradition mitbegründete oder zumindest vorantrieb. Simrock starb in hohem Ansehen im Jahr 1876.

1. Können Sie die Volksrätsel lösen?
2. Welche beiden Wörter ergeben sich aus dem Namen „Elisabeth", die der abgewiesene Freier gesagt haben könnte? – Wie viele Buchstaben hat das erste Wort? ☐
3. Zählen Sie die drei Lösungszahlen der drei Rätselseiten zusammen. Wenn Sie die Rätsel richtig gelöst haben, ergänzt die Summe der Lösungszahlen das Todesjahr eines berühmten Dichters. Wie heißt er?

1	8		

WICHTIGE LITERATUR
ZUR EIGENSTÄNDIGEN WEITERARBEIT

J. A. Kruse (Hrsg.): Ich Narr des Glücks. Katalog zur Heine-Ausstellung in der Kunsthalle Düsseldorf, 1997. Metzler Verlag, Stuttgart / Weimar 1997 (dort viel Material über die Zeit zwischen 1815 und 1848)

A. und W. van Rinsum: Deutsche Literaturgeschichte, Band 6: Frührealismus 1815–1848. dtv 3346, München 1992

BILDQUELLLENVERZEICHNIS

S. 11 aus: Günther Böhmer, Die Welt des Biedermeier. Verlag Kurt Desch, München 1968, S. 339
S. 12 AKG, Berlin
S. 13, 15 oben: bpk, Berlin
S. 15 unten: AKG, Berlin
S. 16 Heinrich-Heine-Institut, Düsseldorf
S. 19 bpk, Berlin
S. 20 ullstein bild, Berlin
S. 21 bpk, Berlin
S. 22 aus: Faksimile-Querschnitt durch die Fliegenden Blätter, eingeleitet von Erich Pfeiffer-Belli, hrsg. von Eva Zahn. Scherz Verlag, Bern/Stuttgart/Wien
S. 23 oben: Museum Wiesbaden, Leihgabe der Bundesrepublik Deutschland
S. 23 unten: bpk, Berlin
S. 25 dpa, Berlin
S. 26 Schiller Nationalmuseum Deutsches Literaturarchiv, Marbach
S. 27, 28 bpk, Berlin
S. 39 Stadtgeschichtliches Museum, Leipzig
S. 41,42 Germanisches Nationalmuseum, Nürnberg
S. 43 Eulenspiegel. Ein Volks-, Witz- und Caricaturblatt, Nr. 9, redigiert von Ludwig Pfau. 2. Band. Stuttgart 1849, Expedition des Eulenspiegel
S. 44 Schiller Nationalmuseum Deutsches Literaturarchiv, Marbach
S. 45 Heinrich-Heine-Institut, Düsseldorf
S. 49 Rheinisches Bildarchiv, Köln
S. 50 Plansammlung der UB TU Berlin, Inv. Nr. 15047
S. 51, 53 © Wilhelm Busch Museum, Hannover, Deutsches Museum für Karikatur und kritische Grafik
S. 55, 60 bpk, Berlin
S. 56, 57 bpk, Berlin; © VG Bild-Kunst, Bonn 2001
S. 64 aus: Das große Wilhelm Busch Album. Joachim Richter Verlagsbuchhandel, Heinrichshagen
S. 66 AKG, Berlin
S. 68 Archiv
S. 71 bpk, Berlin
S. 72, 73 oben: aus: Günther Böhmer, Die Welt des Biedermeier. Verlag Kurt Desch, München 1968, S. 78
S. 73 unten: bpk, Berlin
S. 75 Museum Simeonstift, Trier
S. 76 oben: Heinrich-Heine-Institut, Düsseldorf
S. 76 unten: Artothek, Peissenberg
S. 78, 79 oben: bpk, Berlin
S. 79 unten: © Michael Matthias Prechtl, Nürnberg; Westdeutsche Landesbank, Düsseldorf; Foto: Walter Klein, Düsseldorf
S. 82 Bert Gerresheim, Düsseldorf, Heinrich-Heine-Institut, Düsseldorf; Foto: Walter Klein, Düsseldorf
S. 84 Heinrich-Heine-Institut, Düsseldorf
S. 85 bpk, Berlin
S. 86 Innentitel des Buches von Karl Simrock, „Das deutsche Räthselbuch", Faksimileausgabe von Harenberg Kommunikation, Dortmund 1979

TEXTQUELLENVERZEICHNIS

S. 5 Georg Herwegh: Die junge Literatur ..., aus: Die neue Literatur, zitiert nach: Der deutsche Vormärz. Texte und Dokumente, hrsg. von Jost Hermand. Philipp Reclam Verlag, Stuttgart 1976, RUB Nr. 8794, S. 9
S. 8 Heinrich Heine: Wer von seinem Herzen rühmt ..., aus: Werke und Briefe, Bd. 3, hrsg. von H. Kaufmann. Aufbau Verlag, Berlin 1960, S. 286
S. 8 Ferdinand Freiligrath: Schwarz-Rot-Gold, zitiert nach: Der deutsche Vormärz. Texte und Dokumente, hrsg. von Jost Hermand; a. a. O., S. 294 ff.
S. 9 Eduard Mörike: Verborgenheit, aus: Gedichte. Philipp Reclam Verlag, Stuttgart 1977, RUB Nr. 7661, S. 65
S. 9, 13 Georg Herwegh: Aufruf (1841), zitiert nach: Der deutsche Vormärz. Texte und Dokumente, hrsg. von Jost Hermand; a. a. O., S. 291 f.
S. 10 Beschluss der Bundesversammlung des Deutschen Bundes vom 10.12.1835, zitiert nach: Hans-Uwe Rump, Literarisches Leben. Auer Verlag, Donauwörth 1982, S. 31
S. 11 Georg Büchner: Übrigens, um aufrichtig ..., in: Werke und Briefe, nach der historisch-kritischen Ausgabe von Werner R. Lehmann. Carl Hanser Verlag, München / Wien 1980, S. 282
S. 12 Ludwig Pfau: Freiheit, die ich meine, aus: Gedichte. Göschen Verlag, Stuttgart ^{3}1874, S. 353
S. 13 Jacob Siebenpfeiffer: Und es wird kommen der Tag ..., zitiert nach: B. Organ, Formen oppositioneller Literatur in Deutschland. Philipp Reclam Verlag, Stuttgart 1975, RUB Nr. 9520, S. 23 ff.
S. 14 Franz Dingelstedt: Fazit der Rechnung, aus: Werke, Bd. 1, hrsg. von Augusta Weldler-Steinberg. Verlag Georg Olms, Hildesheim 1973, S. II/141
S. 15 Ludwig Börne: Wer von uns den jüngsten Tag..., aus: Börnes Werke in zwei Bänden, Bd. 1, Dramaturgische Blätter, Das Trauerspiel in Tirol, hrsg. von den nationalen Forschungs- und Gedenkstätten der klassischen deutschen Literatur. Aufbau Verlag, Berlin und Weimar 1981, S. 47
S. 17 Ludolf Wienbarg: Dir, junges Deutschland ..., aus: Ästhetische Feldzüge, zitiert nach: W. Dietze, Ludolf Wienbargs Ästhetische Feldzüge. Aufbau Verlag, Berlin und Weimar 1964, S. 190 ff.
S. 17 Georg Büchner: Der Dichter ist kein Lehrer der Moral...; Idealismus ist..., aus: Lenz, in: Werke und Briefe, nach der historisch-kritischen Ausgabe von Werner R. Lehmann. Carl Hanser Verlag, München/Wien 1980, S. 272 f., S. 76
S. 18 Georg Büchner: aus: Über Schädelnerven, Probevorlesung Zürich 1836, in: Werke und Briefe, nach der historisch-kritischen Ausgabe von Werner R. Lehmann; a. a. O., S. 235 f.
S. 19 Karl Marx: Der Mensch, der in der fantastischen ..., zitiert nach: Der deutsche Vormärz. Texte und Dokumente, hrsg. von Jost Hermand; a. a. O., S. 189
S. 20 Gottfried Kinkel: Des Untertanen Glaubensbekenntnis, zitiert nach: Der deutsche Vormärz. Texte und Dokumente, hrsg. von Jost Hermand; a. a. O., S. 103
S. 21 Heinrich Heine: Zur Beruhigung (1844), aus: Heines Werke in fünf Bänden. Aufbau Verlag, Berlin und Weimar 1968, S. 172 f.
S. 21 August Heinrich Hoffmann von Fallersleben: Nicht Mord, nicht Bann, nicht Kerker, aus: Gesammelte Werke, hrsg. von H. Gerstenberg. Fontane Verlag, Berlin 1890 ff.
S. 22 Frühlings-Lieder, aus: Faksimile-Querschnitt durch die Fliegenden Blätter, eingeleitet von Erich Pfeiffer-Belli, hrsg. von Eva Zahn. Scherz Verlag, Bern / Stuttgart / Wien
S. 22 Carl Spitzweg: Lebensregel, zitiert nach: B. A. Sørensen, Geschichte der deutschen Literatur, Bd. II. C. H. Beck Verlag, München 1997, Beck'sche Reihe 1217, S. 19
S. 23 Adalbert Stifter: Das Wehen der Luft, ..., aus: Vorrede zu „Bunte Steine", in: Gesammelte Erzählungen in drei Bänden, Bd. 1, hrsg. von W. Hoyer. Dieterich'sche Verlagsbuchhandlung, Leipzig, S. 2 ff.
S. 24 Adalbert Stifter: Es gibt Dinge, ..., aus: Gesammelte Werke in 14 Bänden, Bd. 14, hrsg. von Konrad Steffen. Birkhäuser Verlag, Basel/Stuttgart 1972, S. 103 ff.
S. 26 Eduard Mörike: Um Mitternacht, aus: Gedichte. Philipp Reclam Verlag, Stuttgart 1977, RUB-Nr. 7661, S. 71

S. 27 Annette von Droste-Hülshoff: Der Knabe im Moor, aus: Werke in einem Band. Aufbau Verlag, Berlin/Weimar 1985, S. 36 ff.
S. 29 ff., 34 ff. Georg Büchner: aus: Woyzeck, in: Werke und Briefe, nach der historisch-kritischen Ausgabe von Werner R. Lehmann, Woyzeck, Lese- und Bühnenfassung. Carl Hanser Verlag, München/Wien 1980, S. 159 ff.
S. 33 1. Kommentar: Der unmittelbare textliche Bezug ..., aus: Albert Meier, Georg Büchner, Woyzeck. Fink Verlag, München 1986, UTB Nr. 975, S. 62
S. 33 2. Kommentar: Die Welt, in der die Menschen ..., aus: Gerhard Jancke, Georg Büchner, Genese und Aktualität seines Werks. Einführung in das Gesamtwerk. Scriptor Verlag, Kronberg/Ts. 1975, Scriptor Taschenbücher Nr. 556, S. 274 f.
S. 37 f. Georg Büchner: Briefe an die Familie, aus: Werke und Briefe, nach der historisch-kritischen Ausgabe von Werner R. Lehmann. Carl Hanser Verlag, München/Wien 1980
S. 45, 47 Heinrich Heine: Caput I, Caput V, aus: Deutschland. Ein Wintermärchen. In: Sämtliche Schriften, Bd. 7, S. 577 ff., S. 587, hrsg. von Klaus Briegleb. Carl Hanser Verlag, München 1976
S. 48 Niklas Becker: Der deutsche Rhein (1840), zitiert nach: Heinrich Heine, Sämtliche Schriften, Bd. 8, S. 1033, hrsg. von Klaus Briegleb. Carl Hanser Verlag, München 1976
S. 48 Alfred de Musset: Le Rhin allemand, aus: Poésies complètes, hrsg. von M. Allem. Paris 1957, S. 403 f.
S. 49, 50, 52, 53 Heinrich Heine: Caput VII, Caput XVI, Caput XX, Caput XXVI, aus: Deutschland. Ein Wintermärchen. In: Sämtliche Schriften, Bd. 7, S. 593 ff., 613 ff., 621 ff., 638 ff., hrsg. von Klaus Briegleb; a. a. O.
S. 55 Breslau, 5. Juni. Der fortdauernde Notstand ..., zitiert nach: Lutz Kroneberg/Rolf Schloesser, Weber-Revolte 1844. Eine Anthologie. Köln 1979
S. 56 Ludwig Pfau: Der Leineweber, zitiert nach: Der deutsche Vormärz. Texte und Dokumente, hrsg. von Jost Hermand; a. a. O., S. 222
S. 57 Heinrich Heine: Die schlesischen Weber, aus: Sämtliche Schriften, hrsg. von Klaus Briegleb; a. a. O.
S. 58 Georg Weerth: Sie saßen auf den Bänken, aus: Gedichte, hrsg. von W. Hartkopf u. a. Philipp Reclam Verlag, Stuttgart 1976, RUB Nr. 9807
S. 59 Louise Aston, Lied einer schlesischen Weberin, aus: Freischärler-Reminiscenzen. Zwölf Gedichte, zitiert nach: Deutsche Dichterinnen vom 16. Jahrhundert bis zur Gegenwart, hrsg. von Gisela Brinker-Gabler. Fischer Taschenbuch Verlag, Frankfurt/M. 1978, Fischer-Taschenbuch Nr. 1994, S. 200
S. 61 Karl Isidor Beck: An Rothschild, zitiert nach: Der deutsche Vormärz. Texte und Dokumente, hrsg. von Jost Hermand; a. a. O., S. 230 f.
S. 62 Robert Prutz: Der Minister, zitiert nach: Der deutsche Vormärz. Texte und Dokumente, hrsg. von Jost Hermand; a. a. O., S. 165 f.
S. 64 Adolf Glaßbrenner: Der Adlige, zitiert nach: Der deutsche Vormärz. Texte und Dokumente, hrsg. von Jost Hermand; a. a. O., S. 93
S. 67 Das Lied vom Bürgermeister Tschech, nach: Dieter Süverkrüp, 1848, Lieder der deutschen Revolution. Verlag „pläne“, Dortmund 1973, Text auf der Plattentasche
S. 68 Übrigens werde ich in Zukunft ..., zitiert nach: Georg Weerth, Vergessene Texte. Werkauswahl, 2 Bde, Bd. 1, S. 77 f., hrsg. von J. W. Goette, J. Hermand, R. Schloesser, Köln 1976
S. 68 Georg Weerth: Arbeite!, aus: Gedichte, hrsg. von W. Hartkopf u. a. Philipp Reclam Verlag, Stuttgart 1976, RUB Nr. 9807
S. 69 Georg Weerth: Die hundert Bergleute, aus: Gedichte, hrsg. von W. Hartkopf u. a.; a. a. O., S. 152
S. 70 Georg Weerth: Der arme Schneider, aus: Gedichte, hrsg. von W. Hartkopf u. a.; a. a. O., S. 152
S. 72 Fanny Lewald: Allwöchentlich wurde ..., zitiert nach: I. Weber-Kellermann, Frauenleben im 19. Jahrhundert. C. H. Beck Verlag, München 1993, S. 50
S. 72 Fanny Lewald: Fünf Stunden an jedem Tag ..., zitiert nach: Frauenemanzipation im deutschen Vormärz, hrsg. von Renate Möhrmann. Philipp Reclam Verlag, Stuttgart 1989, RUB Nr. 9903, S. 16
S. 74 Louise Aston: Was nun mein Glaubensbekenntniß ..., aus: Ein Lesebuch. Gedichte, Romane, Schriften in Auswahl. Akademischer Verlag, Stuttgart 1983, S. 10 ff.
S. 74 Die Emanzipation der Frau ..., aus: Anna Blos, Frauen der deutschen Revolution 1848. Zehn Lebensbilder und ein Vorwort, Dresden 1928, S. 27; zitiert nach: Louise Aston, Ein Lesebuch, Nachwort von Karlheinz Fingerhut. Akademischer Verlag, Stuttgart 1983, S. 165 f.
S. 75, 76, 77 Heinrich Heine: Die Grenadiere (1817), Lore-Ley, Lyrisches Intermezzo 50, Lyrisches Intermezzo 51 aus: Buch der Lieder. In: Sämtliche Schriften, Bd. 1, S. 47 f., S. 107, S. 95 f., hrsg. von Klaus Briegleb. Carl Hanser Verlag, München 1976
S. 78 Heinrich Heine: Es ist ein erhabener Anblick ..., aus: Reisebilder 1: Harzreise. In: Sämtliche Schriften, Bd. 3, S. 144 f., hrsg. von Klaus Briegleb; a. a. O.
S. 78 Heinrich Heine: Wie unter einem Triumphbogen ..., aus: Reisebilder 2: Reise von München nach Genua. In: Sämtliche Schriften, Bd. 3, S. 381 f., hrsg. von Klaus Briegleb; a. a. O.
S. 79 Heinrich Heine: Eine Volksgruppe ..., aus: Salon 1: Französische Maler. In: Sämtliche Schriften, Bd. 5, S. 39 f., hrsg. von Klaus Briegleb; a. a. O.
S. 80 Heinrich Heine: Katharina V, Angélique VIII, aus: Neue Gedichte. Verschiedene. In: Sämtliche Schriften, Bd. 7, S. 365 f., S. 333, hrsg. von Klaus Briegleb; a. a. O.
S. 80 Heinrich Heine: Deutscher Patriotismus, aus: Die romantische Schule. In: Sämtliche Schriften, Bd. 5, S. 378 f., hrsg. von Klaus Briegleb; a. a. O.
S. 81, 82 Heinrich Heine: Karl I. (1851), Zum Lazarus I, aus: Romanzero, Historien. In: Sämtliche Schriften, Bd. 11, S. 25 f., S. 201 ff., hrsg. von Klaus Briegleb; a. a. O.
S. 84 Uwe Johnson: Denkmal für ..., aus: Jahrestage. Aus dem Leben von Gesine Crespahl. 4 Bde. Suhrkamp Verlag, Frankfurt/Main 1972-1983
S. 85 Nikolaus Lenau: Woher der düstre Unmut dieser Zeit, ..., aus: Die Albigenser; Bruder, diese Amerikaner ..., in: Werke. Aufbau Verlag, Berlin/Weimar 1981, S. 373, S. XVIII
S. 86 Rätsel, aus: Karl Simrock, „Das deutsche Räthselbuch“, Faksimileausgabe von Harenberg Kommunikation, Dortmund 1979